U0644872

生活·讀書·新知 三联书店

星云法语
01

修行在人间

精进

星云大师 著

图书在版编目(CIP)数据

修行在人间:精进/星云大师著. —北京:生活·读书·新知三联书店，
2015.5

（星云法语）

ISBN 978 - 7 - 108 - 05220 - 9

Ⅰ.①修…　Ⅱ.①星…　Ⅲ.①佛教－人生哲学－通俗读物
Ⅳ.①B948 - 49

中国版本图书馆 CIP 数据核字(2015)第 020152 号

责任编辑　罗　康
封面设计　储　平
责任印制　卢　岳　张雅丽
出版发行　生活·读书·新知　三联书店
　　　　　（北京市东城区美术馆东街 22 号）
邮　　编　100010
印　　刷　三河市嘉科万达彩色印刷有限公司
版　　次　2015 年 5 月北京第 1 版
　　　　　2015 年 5 月北京第 1 次印刷
开　　本　880 毫米×1230 毫米　1/32　印张　7.75
字　　数　166 千字
印　　数　00,001—12,000 册
定　　价　28.00 元

总序　十把钥匙

星云大师

　　《星云法语》是我在台湾电视公司、"中国电视公司"、"中华电视公司"三十年前的"三台时代"，为这三家电视台所录像的节目。后来在《人间福报》我继《迷悟之间》专栏之后，把当初在三家讲述的内容，再加以增补整理，也整整以三年的时间，在《人间福报》平面媒体与读者见面。

　　因为我经年累月云水行脚，在各地的佛光会弘法、讲说，断断续续撰写《星云法语》，偶有重复，已不复完全记忆。好在我的书记室弟子们，如满义、满观、妙广、妙有、如超等俄而提醒我，《人间福报》的存稿快要告罄了，由于我每天都能撰写十几则，因此，只要给我三五天的时间，我就可以再供应他们二三个月了。

　　像这类的短文，是我应大家的需要在各大报纸、杂志上刊登，以及我为徒弟编印的一些讲义，累积的总数，已不下两千万字了。《星云法语》，应该说是与《迷悟之间》、《人间万事》同一性质的短文，都因《人间福报》而撰写。承蒙读者鼓励，不少人希望结集成书，香海文化将这些文章收录编辑，文字也有百余万字，共有十集，分别为：一、精进；二、正信；三、广学；四、智慧；五、自觉；六、正见；

七、真理；八、禅心；九、利他；十、慈悲。

这套书在《人间福报》发表的时候，每篇以四点、六点，甚至八点阐述各种意见，便于记忆，也便于讲说，有学校取之作为教材。尤其我的弟子、学生在各处弘法，用它作为讲义，都说是得心应手。

承蒙民视电视台也曾经邀我再比照法语的体裁，为他们多次录像，并且要给我酬劳。其实，只要有关弘法度众，我都乐于结缘，所以与台湾的四家无线电视台都有因缘关系。而究竟《星云法语》有多大的影响力，就非我所敢闻问了。

承蒙知名学者李家同教授、洪兰教授、台中胡志强市长，以及善女人赵辜怀箴居士，为此套书写序，一并在此致谢。

是为序。

于佛光山开山寮

推荐序一　宗教情怀满人间

李家同

星云大师的最新著作《星云法语》十册套书，香海文化把部分的文稿寄给我，邀我为序。8月溽暑期间，我自身事务有些忙碌；但读着文稿里星云大师的话，却能感觉到欢喜清凉。

《星云法语》里面有一篇我很喜欢，其中写道："要有开阔包容的心胸、要有服务度生的悲愿、要有德学兼具的才华、要有涵养谦让的美德。"

多年来我从事教育工作，希望走出狭义的精英校园空间，真正帮忙各阶层弱势学生。看着莘莘学子，我想我和星云大师的想法很接近吧，就是教育一定要在每个角落中落实，要让最弱势的学生，能个个感受到不被忽略、不受到城乡资源差别待遇。

青年教育的目的，不就是教育工作者，希望能教养学生，成为气度恢弘的国民吗？

为勉励青年，星云大师写下"青年有强健的体魄，应该发心多做事，多学习，时时刻刻志在服务大众，念在普度众生，愿在普济社会"。

星云大师的话，让我想起《圣经》里的箴言：

"有了信心，又要加上德行；有了德行，又要加上知识；有了知识，又要加上节制；有了节制，又要加上忍耐；有了忍耐，又要加上虔敬；有了虔敬，又要加上爱弟兄的心；有了爱弟兄的心，又要加上爱众人的心。"（《圣经·彼得后书》）

宗教情怀，就是超越一切的普济精神。人间的苦难，如果宗教精神无以救济，那么信仰宗教毫无意义。不论是佛陀精神，或是基督精神，以慈爱的心处世，我想原则上没有什么不同。尤其是青年人，更应细细体会助人爱人的真谛，在未来起着社会中坚的作用。这样，我们现在办的教育，才真正能教养出"德学兼具"的青年，让良善能延续，社会上充满不汲汲于名利，助人爱人的和谐气氛。

香海文化出版的《星云法语》，收录了精彩法语共计 1080 篇，每一篇均意味深长，适合所有人用以省视自己，展望未来。"现代修行风"不分基督、佛陀，亲切的圣人教诲，相信普罗大众都很容易心领神会。

如今出版在即，特为之序。

（本文作者为台湾暨南大学教授）

推荐序二　安心与开心

洪　兰

在乱世，宗教是人心灵的慰藉，原有的社会制度瓦解了，一切都无法制、无规章，人民有冤无处伸，只有诉诸神明，归诸天意，以求得心理的平衡。所以在东晋南北朝时，宗教盛行，士大夫清谈，把希望寄托在另一个世界。历史证明那是不对的，这是一种逃避，它的结果是亡国。智者知道对现实的不满应该从改正不当措施做起，众志可以成城，人应该积极去面对生命而不是消极去寄望来生。星云大师就是一个积极入世的大师，他在海内外兴学，风尘仆仆到处弘法，用他的智慧来开导世人，他鼓励信徒从自身做起，莫以善小而不为，当每个人都变好时，这个社会自然就好了。这本书就是星云大师的话语集结成册，印出来嘉惠世人。

人在受挫折、有烦恼时，常自问：人生有什么意义，活着干什么？大师说，人生的意义在创造互惠共生的机会，这个世界有因你存在而与过去不同吗？科学家特别注重创造，就是因为创造是没有你就没有这个东西，没有莫扎特就没有莫扎特的音乐，没有毕加索就没有毕加索的画，创造比发现、发明的层次高了很多，人到这个世上就是要创造一个双赢的局面，不但为己，也要为人。英文谚语有一句：Success is when you add the value to yourself. Significance is when you add the value to others. 只有对别人也有利时，你的成功才是成功。所以大师说，生命在事业中，不在岁月上；在思想中，不在气息上；在感觉中，不在时间上；在内涵中，不在表相上。这是我所看到谈生命的意义最透彻的一句话。

挫折和灾难常被当作上天的惩罚，是命运的错误；其实挫折和灾难本来就是人生的一部分，不经过挫折我们不会珍惜平顺的日子，没有灾难不会珍惜生命。人是高级动物，是大自然中的一分子，不管怎么聪明、有智慧，还是必须遵行自然界的法则，所以有生必有死，完全没有例外。但是人常常参不透这个道理，历史上秦始皇、汉武帝这种雄才大略的人也看不到这点，所以为了求长生不老，倒行逆施，坏了国家的根基，反而是修身养性的读书人看穿了这点。宋代李清照说"今手泽如新，而墓木已拱……然有有必有无，有聚必有散，乃理之常。人亡弓，人得之，又胡足道"。看透这点，一个人的人生会不一样，既然带不走，就不必去收集，应该想办法去用有限的生命去作出无限的功业。

一个入世的宗教，它给予人希望，知道从自身做起，不去计较别人做了什么，只要去做，世界就会改变。最近有法师用整理回收物的方式带信徒修行，他不要信徒捐献金钱，但要他们捐献时间去回收站做义工，从行动中修行。我看了这个报道真是非常高兴，因为研究者发现动作会引发大脑中多巴胺（dopamine）这个神经传导物质的分泌，而多巴胺跟正向情绪有关，运动完的人心情都很好，一个跳舞的人即使在初跳时，脸是板着的，跳到最后脸一定是笑的。所以星云大师劝信徒，从动手实做中去修行是最有效的修行，对自己对社会都有益。

在本书中，大师说生活要求安心，心安才能体会人生的美妙，才听得到鸟语，闻得到花香，所以修行第一要做到心安，既然人是群居的动物，必须要和别人往来，因此大师教导我们做人的道理，列举了人生必备的 10 把钥匙，书的最后两册是要大家打开心胸，利他与慈悲，与一句英谚 You can give without loving, you can never love without giving 相呼应。不论古今中外，智者都看到施比受更有福。

希望这套书能在目前的社会中为大家浮躁的心灵注入一股清泉，人生只要心安，利人利己地过生活，在家出家都一样在积功德了。

（本文作者为台湾阳明大学神经科学研究所教授）

推荐序三　法钥匙神奇的佛

胡志强

星云大师，是我一直非常尊敬与佩服的长者。

长久以来，星云大师所领导主持的佛光山寺与国际佛光会，闻声救苦，无远弗届，为全球华人带来无尽的希望与爱。

大师的慈悲智慧与宗教情怀，让许多人在彷徨无依时，找到心灵的依归。另一方面，我觉得大师潇洒豁达、博学多闻，无论是或不是佛教徒，都能从他的思想与观念上，获得启迪。

星云大师近期出版的《星云法语》，收录了大师1080篇的法语，字字珠玑，篇篇隽永。

我很喜欢这套书以"现代佛法修行风"为诉求，结合佛法与现代人的生活，深入浅出地阐释。尤其富有创意的是，以十册"法语"打造了十把"佛法钥匙"，打开读者心灵的大门，带领我们从不一样的角度，去发现与体会生活中的点点滴滴。

以《旅游的意义》这篇文章为例：

"……就像到美国玩过，美国即在我心里；到过欧洲度假，欧洲也在我心里，游历的地区愈丰富，就愈能开阔我们的心灵视野。

当我们从事旅游活动时，除了得到身心的纾解，心情的愉悦之外，还要进一步获得宝贵的知识。除了外在的景点外，还可以增加一些内涵，作一趟历史文化探索之旅，看出文化的价值，看出历史的意义。

比方这个建筑是三千年前，它历经什么样的朝代，对这些历史文化能进一步赏析后，那我们的生命就跟它连接了。"

"我们的生命就跟它连接了"这句话，让我印象十分深刻，生动描述了"读万卷书，行万里路"，正是一种跨越时空的心灵宴飨。

在《快乐的生活》一文中，大师指点迷津。他说："名和利，得者怕失落，失者勤追求，真是心上一块石头，患得患失，耿耿于怀，生活怎么能自在？"

因此"身心要能健康，名利要能放下，是非要能明白，人我要能融和"。

在《欢喜满人间》这篇文章中，大师指出：人有很多心理的毛病，例如忧愁、悲苦、伤心、失意等。佛经形容人身难得如"盲龟浮木"，一个人在世间上一年一年地过去，如果活得不欢喜，没有意义，那又有什么意思？如何过得欢喜、过得有意义？

他提出几点建议："要本着欢喜心做事，要本着欢喜心做人，要本着欢喜心处境，要本着欢喜心用心，要本着欢喜心利世，要本着欢喜心修行。"

看到此处，我除了一边检视自己在日常生活中做到了多少？另一方面，也希望把"欢喜心"的观念告诉市府同仁，期许大家在服务市民时认真尽责之外，还能让民众体会到我们由衷而发的"欢喜心"。

而《传家之宝》一篇中所提到的观点，也让为人父母者心有戚戚焉。

大师说：一般父母，总想留下房屋田产、金银财富、奇珍宝物给子女，当作是传家之宝；但是也有人不留财物，而留书籍给予子女，或是著作"家法""庭训"，作为家风相传的依据。乃至禅门也有谓"衣钵相传"，以传衣钵，作为丛林师徒道风相传的象征。

他认为"传家之宝"有几种：包括宝物、道德、善念与信仰。到了现代，书香、善念、道德、信仰更可以代替钱财的传承，把宗教信仰传承给子弟，把善念道德传给儿孙，把教育知识传给后代。

"人不能没有信仰，没有信仰，心中就没有力量。信仰宗教，如天主教、基督教、佛教等，固然可以选择，但信仰也不一定指宗教而已，像政治上，你欢喜哪一个党、哪一个派、哪一种主义，这也是一种信仰；甚至在学校念书，选择哪一门功课，只要对它欢喜，这就是一种信仰。有信仰，就有力量，有信仰，就会投入。能选择一个好的宗教、好的信仰，有益身心，开发正确的观念，就可以传家。"

细细咀嚼之后，意味深长，心领神会。

星云大师一千多篇好文章，深刻而耐人寻味，我在此只能举出其中几个例子。很感谢大师慷慨分享他的智慧结晶，让芸芸众生也有幸获得他的"传家之宝"。

在繁忙的生活中，每天只要阅读几篇，顿时情绪稳定、思考清明、心灵澄静。有这样的好书为伴，真的"日日是好日"！

（本文作者为台中市市长）

推荐序四　人生的智慧和导航

赵辜怀箴

我一直感恩自己能有这个福报，多年来能跟随在大师的身边，学习做人和学习佛法。每一次留在大师身边的日子里，都可以接触到许多感动的心，和感动的事；每一次都会让我感觉到，这个世界真的是非常的可爱。

大师说：他的一生就是为了佛教。这么多年来，大师就这样循循地督促着自己，为此，马不停蹄地一直在和时间做竞跑。大师的一生，一向禀持着一个慈悲布施、以无为有的胸怀，做大的人，做大的事。如果想要问大师会不会和我们一样斤斤计较？我想他唯一真正认真计较的事，就是，对每一天的每一分和每一秒吧！

在大师的一生里，大师从来不允许自己浪费任何一分一秒的时间；无论是在跑香、乘车、开会、会客或者进餐；大师永远都是人在动，心在想，手在做，眼观六路，耳听八方，把 1 分钟当 10 分钟用；在高效率中不失细腻，细腻中不失大局，大局中不失周全；周全里，充满了的是大师对每一个人无微不至的关怀和体贴。

大师自从出家以来，只要是为了弘法，大师从来不会顾及自己的健康和辛苦，数十年如一日，南奔北走，不辞辛劳地到处为信徒开示演讲；只要有多余的时间，大师就会争取用来执笔写稿；年轻时也曾经为了答应送一篇文稿给出版社，连夜乘坐火车，由南到北。大师从年轻时就非常重视文化事业，大师也坚信用文字来度众生的重要。大师一生一诺千金，独具宏观，不畏辛苦，忍辱负重，在佛教界树立了优良的榜样，对现代佛教文化事业得以如此的发达，具有相当肯定的影响力。到目前为止，大师出版的中英文书籍，已经不下数百本。

记得在20世纪60年代的时候，大师鉴于电视弘法不可忽视的力量，即刻决定要自己出资，到电视公司录制作晚上8点档的《星云法语》，使其成为台湾第一个在电视弘法的节目。我记得大师的《星云法语》是在每天晚间新闻之后立即播出，播出的时间是5分钟，节目的制作，既"精"又"简"。节目当中，配合着简单明了的字幕，听大师不急不缓地娓娓道来，让观众耳目一新，身心受益。

这个节目播出之后，立即受到广大观众的喜爱和回响。大师告诉我，在节目播出之后不久，由于收视率很好，电视公司自动愿意出资，替大师制作节目；大师从此不但有了收入，也因此多了一个电视名主持人的头衔。这个《星云法语》的电视节目，也就是今天所出版的《星云法语》的前身。

佛光山香海文化公司精心收录的《星云法语》即将出版。这一条佛法的清流，是多年来星云大师为了这个时代人心灵的需求，集思巧妙地运用生活的佛教方式，传授给我们无边的法宝。每一篇，每一个法语，星云大师都透过对细微生活之间的体认，融合了大师在佛法上精深的修行智慧。深入浅出地诠释，高明地把佛法当中的精要，很自然地交织在生活的细致之间，用生活的话，明白地说出现代佛法的修行风范，让读者有如沐浴在法语春风之中的感觉，很自然地呼吸着森林里散发出来的清香，在每一个心田里默默地深耕着。等待成长和收割的喜悦，沐浴着太阳和风，是指日可待的。

今承蒙香海文化公司的垂爱，赐我机会为《星云法语》套书做序，让我实在汗颜；几经推辞，又因香海文化公司的盛情难却，只有大胆承担，还请各位前辈、先学指正。我在此恭祝所有《星云法语》的读者，法喜充满。

（本文作者为国际佛光会世界总会理事）

目 录

卷一　调适生命之道

卷二　修行之道

卷三　君子之道

卷四　幸福之道

卷一 ｜ 调适生命之道

人生难免会有起起落落，

若能懂得调适，逆境也会成为顺境。

生命需要调适，尤其是观念的调适最为重要。

何谓道？

我们听到释迦牟尼佛，就会觉得是有道者；听到耶稣，也知道是有道者；甚至孔子、孟子、诸大圣贤，都是有道之人。乃至社会上有些人发言、处世有着相当的内容、内涵，就会说："这后面一定是有道高人给他意见、给他指点。"高人，人人可做，但它不是玄虚、神秘、高不可测，它必须有道。有"道"，就能带上所谓"高人"的智慧。

什么是"道"呢？以下四点：

第一，慈悯好学谓之"道"

"道"在哪里？在于慈悯好学之心。心能好学，会有力量督促自己进步、增上；有慈悯心，会有悲愿促使自己升华、扩大。你能好学慈悯不间断，可能一时之间看不到立竿见影的功效，经过日积月累，就会把自己打造成有道之人。

第二，正心善行谓之"道"

所谓："欲修其身，必先正其心。"一个人能持守正心，不扬己善，不做害人之事、不说伤人之语，时时自我省察，正心诚意而行善，道便会在你的心中滋长。这样的道德行为，会获得众人的敬重。

第三，觉己利人谓之"道"

宋朝大慧普觉禅师说："学道人，逐日但将检点他人底工夫，常自检点，道业无有不办。"我们每一天中，心里都要挪出一个位置来自我反观、反省，你可以觉悟到：我要变成什么样的人？我应该负什么责任？我怎么样说话与人有利、做事与人有利？如何去帮助别人、服务别人？对社会国家尽心尽力？能如此觉己利人，这就是道的养成。

第四，升华净化谓之"道"

一个人如何生活？吃饭，良田万顷，你日食几何？睡觉，华屋千间，夜眠不过八尺，生活中的行住坐卧，真是有限。历史上，明朝于谦"粉身碎骨都无怨，留得清白在人间"；唐朝刘禹锡"斯是陋室，惟吾德馨"，都叫人欣羡不已。假如你也能够把自己人格升华、道德增上、慈悲善心扩大，这就是所谓道。

所以，人在世间，金银财势不是最富贵，权利名位也非最富有，重要的是有没有"道"。一个有道者，比拥有名利富贵更为人所敬仰。

何谓"道"，遵循以上四点，就不难体会了。

路

你走过路吗？小孩子出生，第一个就要让他学会走路；进入佛学院读书，第一堂课也是教你如何排班走路。可见走路是人生一件重要的功课。路有很多种，火车在铁路上行驶，汽车在公路上奔驰；飞机航行在天际中，船只运行在海中央。人生有多少宽广大路？有多少崎岖小径？有的人在巷道里，绕来绕去绕不出来；有的人在康庄大道上，却不知道前途目标在哪里。走到好路，走到不好的路，有时候也难以抉择。在此提供四种路作为参考。

第一，船的路是海洋

船要走路，走什么路？汪洋就是船的路。多少客船，多少旅人，远渡重洋，行走他乡；多少商船，多少货柜，飘洋渡海，载至远方。有船，海洋给游子带来归情；有船，海洋给商人带来希望。

第二，灯的路是夜晚

我们点的灯也有路，灯的路是在哪里？夜晚。夜里给人不安恐惧，黑暗让人迷失方向。有了明灯，夜晚会给迟归的人安心；有了光明，黑暗中，迷路的人就有了目标。

第三，人的路是行善

人也要走路，人走什么路？有两条路，一条是善路，一条是恶路，当然我们要走善的那一条。行善，引导人们走向美好；行善，可以让人获得幸福。但是，有的人是"天堂有路他不走，地狱无门闯进来"。他偏要走上恶路，那也只有等到他尝到恶果，幡然醒悟时，才有回头转身的路了。

第四，道的路是悲智

所谓"道路"，道就是路。道的路是什么？慈悲和智慧。佛陀有"两足尊"之称，因为他悲智双运，所以福慧具足。因此，我们修道，就要以行佛为路。行佛，就是行佛陀之所行，因为晦暗的世界，唯有佛日慈悲才能增辉；蒙昧的人心，唯有法灯智慧才能照亮。我们学道，以悲智为路，慈悲如两足，能遍行各地，了无障碍；智慧如双目，能洞察真伪，发现实相。你用慈悲待人，彼此会和谐自在；你用智慧处事，凡事会顺利圆满。飞鸟以翱翔为路，鱼儿以悠游为路；军人的路是服从，哲人的路是思考；商人勤奋就有致富之路，农夫耕作就有丰收之路；吾人在人生的道路上，应该走什么路？

走信仰的路，走慈悲的路，走诚信的路，走真心的路。你要走奉献众生的路，要走服务社会的路？我对自己、对大众铺好了什么路？

条条大路通罗马，种种大道入长安；羊肠小路不好走，穷途末路不可行；不管你走什么路，就是千万不要走上"不归路"。

学道的方向

无论信仰宗教或是道德的养成，想要探究真理，深入精髓，都需要经历一番身心的努力。学道，是一个十分耐人寻味的过程，偶尔难免会迷失，但只要不失方向，最终必能彻见真理风光。如何看清自己学道的目标与方向，有以下四点：

第一，道之成在我

一位信徒问赵州禅师："如何参禅悟道?"禅师不予理会，撇撇嘴说："我要小便去。"走了几步，停下来回头告诉信徒："你看！这等小事，还要我自己去，别人替代不了啊!"这意思是，学道是自我挑战、自我超越的过程，点点滴滴，都需要亲身经历，如实感受，才能内化成为生命的体验。因此，道之所成，是要靠自己去实践、去圆满的。

第二，道之行在时

世间万事万物的完成，都需要时间的酝酿。好比花苞要经过时间的含待，才能绽放，鸡蛋也需要时间的孵育，小鸡才会诞生。修道也是一样，所谓"没有天生的释迦，没有自然的弥勒"，要成熟心志、坚固道心，时间的历练与耐心的养成，是不可缺少的重要因素。

第三,道之美在人

道之美,在于人的实践彰显。像佛陀时代担粪尼提、贫女难陀,他们的身份虽然卑贱,生活穷困,但心中对法的恭敬与供养,却是无上庄严清净,流露的道气,也因而美丽高贵。学道的人,重视的是内在的修持,以道德涵养自心,庄严自己,才能显出道的美。

第四,道之证在修

佛教有所谓"修所成慧",意即透过实修来体证自我的心性是否觉悟,道业是否增上。修,就是实践,就是行持。好比要获得一项专业技能,必须自我努力修习、专研,才能获得;一如道业的成就,也要透过修行、内观、参访、服务等种种法门,以体验宗教精神,体证真理。因此,道之证在修。

学道,不必拘泥身份,出家是学道,在家也一样可以学道,二六时中,各行各业,都不妨碍学道,学道也不妨碍工作。

调适生命之道

人生难免会有起起落落，若能懂得调适，逆境也会成为顺境。生命需要调适，尤其是观念的调适最为重要；拥有平静的心灵，才能拥有善美的人生。调适生命之道有四点建议：

第一，学习吃亏能养德

比较、计较的日子不好过，因此人要学习吃亏。吃亏只是一时之失，得到长久的心安，讨便宜虽是一时之胜，却难保永久的胜利，好比兄弟相处，若互不相让，则有兄弟阋墙之虞；朋友之间若互相占便宜，则不得深厚友谊。所以，从吃亏中学习退让，久而久之，人的气量就会增大，人缘也就更广了。

第二，人我互调能慈悲

要做好人际沟通，最强调的就是同理心，处处站在他人的立场来看事情，待人才能更圆融。如果每个人在埋怨别人前，都能人我互调地去考量别人的言行，那么也就不容易起嗔心。好比你是一名员工，就必须考虑到主管的难处；你是主管，就应该照顾到员工的利益。凡事都能"待人如己"，为他人着想，才能和他人友好相处。

第三，当然如此能自在

一个人想要拥有智慧，观念的建立很重要。受苦时，不以为苦，想当然也；受挫时，绝不灰心，想当然尔。能够坦然接受人生的各种考验，生活才会过得自在安忍；凡事如果都认为自己有理，则经常要怨天尤人，人生不易成长，唯有去除我见、我执，当然如此地接受，才是一种进步。

第四，享有就好能常乐

人生不一定要拥有，享有就好。好比山河大地虽然不是我的，但是我可以悠游其中；别人拥有古董，宝贝不是我的，但是我的眼睛能够欣赏。富有之人，即使拥有广厦千间，患得患失，又有何幸福可言；平民百姓虽然没有荣华富贵，却能随心所欲，安然自在。有的人见不得人家拥有，给予抢夺、侵犯。

其实，能随喜赞叹，享有欢喜不是更好吗？世间不可能样样拥有，但是享有的乐趣却是无穷尽的。

调适生命是人一生的功课。人人若能调适生命，生命净化，社会也将呈现一片祥和。

修道者以何为法乐（一）

思想是人类生命最重要的轴心，以正知、正见为首的"八正道"，是生命积极的道路。所谓修道或修行，最重要的就是对于人间事物赋予积极、正面、欢喜的眼光，对生活重新估定价值，以此清净、解脱与"缘起性空"相应的新价值观，走向圆满究竟的生命。所以修行者当以实践新价值观为其"法乐"。修道者以何为法乐？

第一，以自我革新为乐

凡有心修道者，应在自心中常念：世间无常迅速，生命在呼吸间，怎能浪费珍贵的时间在无明与烦恼之中？修道者认清生命的事实，但求转烦恼为菩提、转黑暗为光明、化嗔怨为欢喜，不断地革除陋习，修正自我的思想行为，从点点滴滴的小小体悟，汇集成豁然开朗的大彻大悟。

第二，以诵经念佛为乐

修道者以开悟圣者为学习目标，特别是对佛陀圣教的学习，都要实践于日常生活中。但在扰攘的红尘俗世，常会听到人们说长论短或制造是非。如果将专注于是非烦恼的心思，用来听闻诵经的清净梵音，专注在念佛的海潮音声中，会让内心生起法喜法乐。

所以，在佛门里面，与人打招呼，以一声包含祝福对方无量光明与欢喜的"阿弥陀佛"，来表示自己的真诚心意。念念不离佛号，把一声"阿弥陀佛"念到一切时、一切处，走到哪里都能欢喜自在。

第三，以禅坐经行为乐

"吾有法乐，不乐世俗之乐。"这是维摩居士最有名的一句法语。学佛禅修者，可以到设有禅堂的寺院道场学习禅修，也可以抄经、拜佛、诵经、持咒等，这些方法，都能将身心上的负担放下或沉淀，体验佛法之妙，自然带来再出发的活力。

第四，以布施结缘为乐

布施结缘是事业成功的不二法门，也是家庭圆满的重要内涵，甚至做人处事、修行佛道，也离不开布施。布施还要结善缘，例如以鼓励之语言、真诚的赞美来激励他人，能增加他人信心；布施时间，陪伴孤独，加持勇气于他人，能帮助他人破茧而出。无论对亲朋好友或是素昧平生之人，如果明白对方有这样的需求，随时一句贴心的关怀，甚至精心营造的欢乐，都能温暖人间。如果人人都欢喜布施结缘，你、我、他都能欢喜和谐、同体共生。

修道者处于世间，但在他们眼中，"慈眼视众生"比"心中只有我"更重要。他们如世人一般有着事业职务，需要日常饮食，心境却是远离红尘，与世无争，散发出与自然相应的气质，有着超然物外的情操。发心修道的人，内不着妄心，外不着妄境，不以世俗五欲为乐，内心有着更多的法喜自在。

修道者以何为法乐(二)

有志修行者，既以人间为道场，平时应注重群我关系，关怀身心家国世界，适时给人欢喜、给人信心、给人希望、给人方便，又能"以众为我"，以"有愿担当"为荣，以"力行实践"为乐，为人间增进真善美的境界。什么是修道者的快乐呢？以下列举四点：

第一，以奉献服务为乐

一般人的想法，总以为自己过得舒服最快乐，修道者却认为，要能奉献生命的光与热，才是长久的快乐。因此，他们发心做义工，投入小区服务，为伤残人士争取福利，帮助特教儿童等。他们奉献一己之能，以助人为乐，乐此不疲。以服务奉献为乐之人，具有菩萨的性格，提升自我的人格也比一般人快速，心中也比一般人法喜。这就是投身服务工作带来的附加善果。

第二，以感恩知足为乐

世间上有钱、有权、有名、有利的人，如果少了感恩知足，就会过得空虚而缺少内涵。缺少物质还不是生命的大患，生命缺少感恩知足的欢喜，则一生悲苦不平、扰攘不宁。做人做事要能感恩图报，甚至要"滴水之恩，当涌泉相报"，因为快乐是来自于心中的能源。举例说，如果老板不懂得感恩员工，只知压榨员工血汗，公司业务必然难以发展，甚至很快面临困境。员工不知感恩公司，只知索求无度，劳资双方都会两败俱伤。反之，如果能够彼此感恩，互相体谅，以真心诚意研讨得失对策，必定能够合作无间，大展宏图。

第三，以随缘方便为乐

修行的法门为什么会有"八万四千种"呢？因为"法"是为人而说的，又因为每个人的根基不同，所以要有许多方便法门来对治。但这些法门都不离开重要的轴心，在佛教谓"观机逗教"，在儒家曰"因材施教"，只要随顺众生的觉性，随缘方便度化，应机说法，无论是本身的修行，或在日常生活中助他、度他，必能在随缘中得到自在。

第四，以宣扬正法为乐

佛陀在菩提树下证悟成佛后，立即到鹿野苑转法轮、度化五比丘，打开了世间光明的大道。此后四十九年间，为宣扬正法而行脚弘化，直至涅槃。佛陀十大弟子中，说法第一的富楼那尊者，乐于到偏远蛮荒之地弘法；印度弘扬空观思想的圣僧龙树、提婆菩萨，弘扬唯识思想的世亲、无着菩萨，都是将一生奉献给弘扬佛法的工作，今日才有这些生命的佛法明灯，照亮千古的轮回之路。今日的修行者，也应以弘扬正法，流传世世代代的未来，报答佛陀及先圣先哲的恩德，圆满本身的功行。如此，有能力为正法尽一己之力者，乃是世间至高幸福之人。

如是，修道者从奉献服务中升华生命，从感恩知足中充实内涵，在随缘方便中安顿身心，于宣扬正法中圆满自他。

求道四心

大部分的人在不同阶段都会有所追求，童年、青少年时期要求学；长大成人要追求婚姻伴侣；毕业后要追求具足财富、事业发展等等，在各方面都有基础后，他可能对这世间种种物质外在感到不能满足，因此他开始求道。求道也要有求道的心，才能有所成就，以下四种心是必须具备的：

第一，能舍一切所有而不望报

有的时候，我们懂得布施、懂得慈悲、懂得服务，但是，在布施、慈悲、服务之余，总希望别人能回报于我们。一有这种贪求望报的心理，就不是真的"道"，不是真正的功德。求道的人，他能舍一切所有而不望报，就好像太阳普照大地，而没有要求大地万物回报它，所以太阳才成其扩大、成其普遍、成其永恒。

第二，能失生命财产而不舍法

一个求道人，他宁可以损失财产，甚至牺牲自己的生命，都不会舍弃自己的道、自己的佛法、自己的信仰、自己的宗教。能视自己的道德、人格、信仰更重于生命财产，把道、信仰看成比生命财产还重要，这才是求道之心。

第三, 能信甚深因果而不疑惑

有时候, 有的人对于自己一时的荣辱得失际遇, 就心起怀疑, 不信因果。所谓"种瓜得瓜、种豆得豆""善有善报, 恶有恶报", 因果是不会错误的, 因果的法则, 比计算机还要准确, 对于甚深因果不要疑惑, 它不是宗教教化的戒条, 而是我们心中的一把尺, 度量自己的命运。因此, 深信因果, 就能为自己承担、负责。

第四, 能持清净戒法而不毁犯

所谓"戒为无上菩提本, 应当一心持净戒。"戒是迈向解脱自在的法门, 持戒是一种"己所不欲, 勿施于人"的慈悲心与菩萨道的具体表现。因此, 我们可以看到许多修道者, 甚至只是一个沙弥, 对矜持的信仰戒条, 都不会轻易去毁犯。守持戒律时, 应把握戒的基本精神, 才不会拘泥戒条的形式, 而能与时俱进, 安顿身心, 净化社会。

求道是为了升华我们的人格, 为了净化我们的烦恼, 为了扩大我们的心胸, 为了庄严我们的世界, 让我们的生命更长久, 更有意义。以上求道四心, 是我们应抱持的信念。

道心

在佛教丛林里看人，不一定看他的聪明、能力，主要是看他的道心。他爱护不爱护公家的物品，这就是道心；他对大众护持不护持，这就是道心；他对团体尽忠不尽忠，这就是道心；他对奉献服务勤劳不勤劳，这就是道心。此外，什么是道心？有四点说明：

第一，直心无谄是道心

直心就是没有谄曲、没有献媚、没有逢迎、没有虚假，一就是一，二就是二；直心才容易入道，所以在《维摩经》里说："直心是道场。"平常我们与人交朋友，乃至待人处世，也要用一颗平直无谄曲的心，才合乎道德；如果没有直心，缺乏真诚，那就不合乎道德。

第二，正心无邪是道心

正心就是公正平等之心。一般人的心，都是不平等的，对于我所亲爱的人，或是我的同学、我的同事、我的同乡，就对他好一点；我所不爱的人，或是跟我不同思想、不同种族的人，就对他差一点。因为不能用平等心待人，所以有偏见、有邪见，这就难以入道；能够正心无私，才是道心。

第三，真心无伪是道心

真心就是没有虚假、没有污染的心。一个人若无真心，做事容易起烦恼；一份"真心"，内含恭敬、平等、慈悲、智慧、谦虚等美德。所以有真心的人讲话，都是真实语、如实语、不异语、不妄语；做人也都是真实、单纯而没有虚假，这就是道心。

第四，慈心无暴是道心

佛经云："慈能与乐，悲能拔苦。"慈悲心就是给人欢喜，给人快乐，给人幸福，给人方便；能够拔除别人的痛苦，消除别人的困难，就是慈悲心。

有慈悲心的人自然不会用暴力待人，也不会用欺骗的手段或耍各种计谋来打击别人，这就是道心。

学道的准则

世间上每个人追求的目标都不一样，有的人一心只想赚钱，有的人醉心迷恋于爱情，有的人希求名闻利养，有的人志在求道修行。

在佛门里有所谓"道高一尺，魔高一丈"。求道学法的人最怕心态不对而走偏了路，甚至着了魔道，所以有心学道修行的人，应该注意六点：

第一，不得贪求神通

学道的人有时候希求神通，例如天眼通、天耳通、他心通、神足通、宿命通、漏尽通等，佛教称为"六通"。但是一个人有了"神通"真的很好吗？比方说有人在背后毁谤你、批评你、谩骂你，你没有天耳通，听不到，日子比较安然好过；如果你有了天耳通，但却没有很好的修养、道德，你听到人家批评你、毁谤你，心里一定不好受。你有天眼通，别人瞒着你做一些对不起你的事，你也会很难受；如果你没有天眼通，看不到，自然"眼不见，心不烦"。所以，学道的人如果自己的成就、道念还没有到达一定的程度，最好还是不要贪求神通，有神通未必是好事！

第二，不能用心邪道

有的人学道总是抱着一份好奇心，希望这个也学、那个也学；这个参加、那个也要参加。其实，平常心就是道，不必好奇；你念佛，就把一句佛号念好；你打坐，就好好地老实打坐。尤其学佛修行，最重要的就是正见，千万不能用心邪道，否则学道不成反为魔用。

第三，不必希求妙果

一般学道修行的人，莫不希望赶快开悟，马上证果，马上得到许多玄奇神妙的灵异。由于最初的用心不正，所谓"因地不正，果遭迂曲"。这也是学道者所应注意的。

第四，不可自生疑虑

信仰宗教的人，应该依着善知识指导修行，千万不可自己盲修瞎练，或是患得患失，心里产生疑虑，这是自寻苦恼，自找麻烦！

第五，不起恐怖妄想

学道的人，懂得"如是因，感如是果"，就没有什么恐怖的。因为自己没有造下恶因，自然不怕自食恶果；反之，如果你造下了五逆大罪，即使怕堕地狱，也不是怕就能躲得了的。所以自己要有信心，不必恐怖！

第六，肯定自心是佛

学佛的人对自我的尊重，尊重自我的性灵，尊重自我的佛性，尊重我自己"自心是佛"，这是最重要的。所谓"即心即佛""即佛即心"，你有信心自己可以成佛，那么世上还有什么事不能成的呢？

超越世间

世间人为了生死，悲喜交替；为了生计，忧悲苦恼；为了贫富，斤斤计较；为了有无，惶惶不安。一天当中，忽悲忽喜，忽苦忽乐，好像热锅上的蚂蚁，失去了方向。因此，在这一个动乱的生活里，总想有一点解脱自在的生活，超越现实，超越对待。如何超越呢？有四点意见：

第一，要视生死一如也

一般人以为生可喜、死可悲，开悟的禅师却视生死一如，坐脱立亡，来去自如。生死，也是观念的转变。过去有位母亲想要寻死，老和尚告诉她："既然你生命不要了，就把它奉献给佛教吧！"她若有所悟，从此在服务的义工生活里，获得欢喜，也获得重生。生死是什么？如薪尽火传、如蝉脱壳，此死彼生，"生未尝生，死未尝死"；视生死一如，就能超越限制，超越轮回。

第二，要视苦乐一味也

在中药里，甘草味甘，具清热解毒之效；黄连味苦，亦可解热去毒，可见甘苦同功也。练功，下苦功夫，才会有所荣耀成就；小丑，内化辛酸，带给世人欢乐，苦乐亦是同体也。能将苦乐调为一味，认知苦是一种奋斗、一种增上、一种成果，也就能"处苦境不觉得苦，处乐境也不以为乐"，超越感受，体会中道的生活。

第三，要视贫富一念也

人生的幸福快乐，贫富不是绝对的条件，也不是判定人格尊严的标准；有人粗茶淡饭不改其乐，有人富甲一方，仍然忧愁烦恼。如果心里拥有满足、欢喜、豁达、缘分、平安，即使身无立锥之地，也可以超越贫富，享有三千大千世界。

第四，要视空有一体也

大部分的人视"空"和"有"为截然不同的境界，"有"的，就不是"空"，"空"的，绝对不可能"有"，用二分法把空、有的关系一刀两断。事实上，空、有是一体两面，好比手心和手背都是肉，又好比孪生兄弟，两者相需相求、相生相成。如同杯子空了，可以装水；口袋空了，可以置物。认识空有一体，可以发挥无限。

超越世间，就要超越对待，就要超越分别。所谓："犹如木人看花鸟，何妨万物假围绕？"面对纷扰生活，面对万花世界，内心不会动摇，这就是超越。

修道者的心

现在世界上有很多的宗教，不管信仰什么宗教的人，都要讲究修道。修道者要有修道者的心；如果光有一个修道的名，而没有修道的心，那也是徒具虚名。

什么是修道者的心呢？有四点：

第一，浓淡，要有不拘的中道心

在这个世间上，人情有浓有淡，有时候别人对我们表现得很亲、很浓，有时候又觉得很疏、很淡。在时浓时淡的人情里，有的人容易患得患失，所以就被人情束缚了；如果你能具有浓淡不拘的中道心，那么你就能获得解脱自在，这就是一个修道的人。

第二，顺逆，要有不忧的雅量心

顺境、逆境，这是人生必然的境遇！有的人顺境来了就好高兴；逆境来了就很烦恼、很排拒，这是表示自己没有力量，不仅忧愁担当不起，欢喜也没有修养接受，所以在顺逆的境界里动荡不已。假如能够有顺逆不忧的雅量心，就如同弥勒菩萨的乾坤袋，好和不好都放到他的乾坤袋里，何等自在！所以，我们要想学习布袋和尚的自在，应该要有顺逆不忧的雅量心。

第三，哀乐，要有不入的平常心

荣枯、哀乐，这也是人生的实相。能够做到哀而不伤、乐而不纵，喜乐悲哀都不会侵入我的心里，我都能消融它、化解它，这就是一种修道者的心了。

第四，有无，要有不计的平等心

世间上的人，每天总在"有无"里计较：有钱财，无钱财；有人喜欢我，没有人喜欢我；我有了一栋大楼，我又倒闭了。天天就在"有无"里面上下起舞，终日不得安宁。如果我们能够懂得，有，有也不是我的，是共有的财产；无，无也没有关系，无是无量、无边、无限，无会更多。能够有这种"有""无"皆不计较的平等心，那就能与道相应了。

日常修行

修行非口号、形式，而是要将佛法运用到生活里。修行离开了生活，离开了人间，就没有修行可言。日常中怎么修行呢？以下提出四点：

第一，以念佛来制心一处

"念佛一声，罪灭河沙。"念佛有殊胜的功德，因为佛号可以驱逐我们虚假分别的妄心。尤其当心烦意躁时，一心一意称念佛号，念到心无染着，自然就能放下身心挂碍的世界。念到"佛即是我，我即是佛"，念到自己佛性出来，那就达到念佛的目的了。

第二，以数息来呼吸顺畅

要对治妄念，可以用念佛法门；对治散乱，则可用数息的方式。《六妙法门》云："于数息中，证空静定，以觉身心，寂然无所缘念。"数息就是数自己的息，呼气、吸气，这一呼一吸称作一息。呼吸要长短分明，缓慢地一进一出。调至呼吸平稳，气息不粗喘，慢慢地，平常生活、待人处事中，也就能不慌不忙，气定神闲了。

第三，以感恩来惜福爱物

常怀感恩心，是做人处事重要的修行。感恩是美德，感恩是富有。因为感恩，所以能懂得惜福爱物，不致浪费。匮乏的人，总想从别人那里获得什么；富有的人，却是心存感谢，时时想要施与别人。这个世界不是只有自己一个人，东西要能与人共有共享，才能共荣共存。能够懂得感恩、惜福爱物、分享布施的人，就是人生最大的富有者。

第四，以忏悔来反省言行

"人非圣贤，孰能无过"。一个人最怕的不是犯了过失，而是犯了过失仍然不知道悔改。好比陷入错误的泥淖里，若能及时回头，仍可得救；如果一意孤行或自怨自艾，耽溺于过失中而不肯自拔，则将愈陷愈深，终致灭顶。所谓"不怕无明起，只怕觉照迟"。当无明烦恼生起现行时，只要察觉并懂得忏悔，仍然是个清净善良的人。个人常常忏悔，言行就会进步；人人都有惭愧忏悔的心，人我之间就没有争执，这个社会就会共生吉祥。

修行是实践的功夫，是从身心行仪里流露出来的道德、涵养。有修行才有福德，人生也才会圆满。

现代的道场

　　自古以来，寺院就是艺术的殿堂，佛像雕刻、绘画，乃至寺院本身的建筑之美，令人自然心生宁静祥和之感。置身其间，聆听晨钟暮鼓、磬渔梵唱，带给人心灵的净化、精神的鼓舞、思想的启发，对社会人心产生一股道德的自我约束力。时至现代化的今日，道场的功能又扩大了，有哪些功用呢？

第一，传统与现代结合

　　传统丛林有着早晚课诵、钟板号令、禅修念佛与法会等修持特色，现代的寺院，除此之外，更具有现代化的设备，如千人用餐的斋堂、宽敞的会议室、讲说的经堂、方便的视听室等等，针对不同根机的众生，给予契理契机的接引因缘。结合寺院传统的特色与现代化的功能，发挥净化人心、改善社会风气的力量更大。

第二，僧众与信众共有

　　过去的寺院道场都是出家人所有，过去的佛教，也主要靠出家人来弘扬发展。时至今日，佛教已经传播到全球五大洲，仅凭少数出家人的努力，显然不足；尤其随着教育的普及，在家众中，才学丰富者也不在少数。因此，现代化的寺院道场，在一个教主佛陀的感召之下，寺院道场为僧信二众共有，彼此敞开心胸，相互融和帮助；在一个人间佛教的信仰之下动员，彼此尊重包容，共同发挥弘化的力量。

第三，行持与慧解并重

现代的寺院道场，有着行解并重的功能。所谓："行在禅净双修，解在一切佛法"。除了禅堂、念佛、礼忏、法会等共修课程，让身心达到安定、净化之效，并有讲经说法，以增进慧解，消除烦恼。此外，也举办各种社教课程、活动，从自利利他中，福慧双修、知行合一。

第四，宗教与艺文合一

传统寺院本来就具有艺文之美，雕梁画栋、歌呗赞咏、诗书画作等，都给予众生不同的心灵感受。现代化的寺院道场，更是重视艺文的内涵，其举办各种文学、心理、艺术等讲座，各种讲习会、读书会、研习营，并设有滴水坊、陈列馆、展览馆、宝藏馆、美术馆等，可以说，让佛教与艺文结合外，更展现寺院多元化的功能。

佛教寺院的意义何在？世间的钱财，只能拯救肉身生命，济人燃眉之急，但无法熄灭贪嗔痴三毒；佛法的布施，能更进一步地净化心灵，孕育法身慧命，使人断除烦恼，了生脱死，其影响及于生生世世，这才是最彻底的慈善事业。今日现代化的佛教，寺院道场就是学校，就是加油站，就是百货公司，它净化我们的心灵，丰富我们的生活，扩大我们的愿心，升华我们的生命。

修行

修行不是专指宗教的行为，也不只是外表的形式，而是内心道德的养成，人格的升华。所谓"有德者得民心，有道者受人钦"，春秋时期，宋国宰相子罕注重修行，贤名远播，即使宋国受到三个强国包围，都没有受到侵犯；战国时期，魏国的段干木德行高尚，秦国因尊重他而撤兵。如何是修行之道？有四点意见：

第一，处众时，要有敏锐的触觉

大众犹如一个大冶洪炉，冶炼每个人的性情。处在形形色色的大众中，待人处事，都要培养敏锐的觉知。像处理事情时，要能从一个点联想到其他的点，由点而线，再由线考虑到全面，对于事物能有整体的观念，时空都能拿捏得恰如其分，就不会挂一漏万。

第二，劳动中，要有植福的观念

许多年轻人畏惧劳动，害怕劳动，这样容易养成懈怠懒惰。佛门里训练人才，经常要他从搬柴运水、舂米种菜、厨房典座、行堂扫地，为大众服务开始。甚至连百丈禅师都说："我无德劳人，人生在世，若不亲自劳动，岂不成废人？"由此可知，从劳动中培植福德，不仅学习谦卑忍耐，也养成坚韧的意志。

第三，布施时，要有无相的慧解

佛门里常对布施者赞叹说："功德无量。"所谓无量，不在数字的大小，而在发心。你心量有多大，结的缘就有多广。《金刚经》云："若菩萨不住相布施，其福德不可思量。"也就是说，布施时，不执着有布施的我、布施的东西，以及受布施的人，当然更不心存回报的念头。如此布施，自然了无牵挂，自、他都自在。

第四，心灵内，要有道德的基础

西晋名将羊祜，无论为官或治军，皆重视仁德，并为朝廷举荐人才，不为人知；在阵前，他厚待敌军降将，使得归降者愈来愈多。宋朝赵概位居翰林学士，为人仁慈宽厚，救济他人，严谨行事，克己修身，每日以黑豆计算恶念，黄豆计算善念，随时内省策励，终于成为德行高尚之人。

修行不需到远处，而是要从日常自我的修正做起，超越自己，健全自己，进而开发生命内涵与意义。

修行之人

　　修行，含有实习、修养、实践之意；简单地说，就是修正自己的行为。宗教本即有信仰与修行的双重要求，以佛教而言，行者自身欲实现佛陀体验之境界，而专心精研修养，则称为"修行"；而实行修行功夫者，则称之为"行者"。一般来说，我们看到出家人，便说这是修行的人；看到学佛的居士，也说这是修行的人；或者看到吃素的人，甚至看到有道德、有慈悲的圣贤，也称之为有修行的人。到底什么是修行之人？有四点看法：

第一，能为众生说因果

　　一个人可以不信佛教，但不能不信因果，所谓"善有善报，恶有恶报；不是不报，时辰未到"。善恶因果是非常科学的法则，一个人有了因果观念，就不敢为非作歹；有了因果观念，就不至于乱了自己的生活，乱了社会的秩序。因此，凡是能为人宣说因果道理的人，就是修行之人。

第二，能为众生解困厄

　　当众生有困难、苦厄时，我能帮他解除，就等于他挑的担子太重了，我帮他分担一点；他心中的障碍太多了，我替他分忧解劳。

尤其能用佛法让人远离无明，让人解除心里的烦恼、束缚，这样的人也可以称为修行之人。

第三，能与众生共患难

有的人有福能同享，有难却不能同当。一个修行的人，当别人有了困难时，应该立刻给予帮助。例如当别人需要协助的时候，给他一些助缘，陪他共渡难关；当别人伤心、失意时，给他一个笑容、一句鼓励，助他走出心情的低谷。像这样的人，也是修行之人。

第四，能与众生共安乐

愿意与人共患难的人固然难得，有时当别人欢喜快乐时，也要能随顺众生，跟着大家一起同乐。如果别人欢喜，你却哭丧着脸，不但自己痛苦，也破坏别人欢喜的心情。因此，当别人快乐时，不能破坏他、忌妒他、伤害他，而要懂得随喜赞叹，懂得助人之兴，懂得与大家共安乐，这种人也可称为修行之人。

所谓"修行"，不一定要每天诵多少经、拜多少佛、做多少功德善事；重要的是能在生活中，时时做好事、说好话、存好心，随喜随缘的助人、与人为善，这就是最好的修行。

修行之要

我们常听人说：要"修心养性"，"心"固然要修行，其实身体的六根，眼睛要修行，耳朵要修行，嘴巴要修行，五官四肢都要修行。所以，修行之要，也不光只是修心，而是应该从身到心，里外都要修行。

兹有四点意见提供参考：

第一，面上无嗔是供养

佛教讲供养，一般信徒对佛菩萨有"十供养"，就是香、花、灯、涂、果、茶、食、宝、珠、衣。其实我们对人最好的供养，也不一定要在物质上讲究，有的人送红包、送水果、送纪念品，但是如果没有真心诚意，板着一个面孔，也没有意思；倒不如一脸真诚、无嗔地微笑，更能给人欢喜。微笑是最美丽的色彩，世界上哪一个人不希望看到别人对他微笑呢？所以，"面上无嗔"，这是最好的供养。

第二，口中赞叹出妙香

现在是一个很重视色彩、声音的时代，我们除了脸上要常保笑容以外，口里更要经常有赞叹的音声。你看，现在的广播电台、电视公司，都很讲究音响，有的音响音质很美，价值几十万元；有的音响杂音很多，只值几千元钱。音响有好坏，我们人的口也有好坏，有的人一开口说话，就是要损人，所谓"狗嘴里吐不出象牙"；有的人说话如天籁，如花香，让人听了心花怒放，乐于亲近。能够说出让人欢喜、受用的话，才有价值，才是最好的供养。

第三，心里慈悲无价宝

一般人的心中，经常被贪嗔痴所占据，所以要"修心"。心要怎么修？最要紧的是修出慈悲来。佛教讲"慈悲为本，方便为门"。慈悲的定义就是"慈能与乐，悲能拔苦"，能够带给别人快乐，拔除别人的痛苦，这就是最好的修行，也是最上的无价之宝。

第四，佛光普照福寿康

常有人问"佛在哪里"？佛在常寂光净土里，佛在极乐世界里，佛在虚空法界里，这种种的说法都没有错。但是，学佛最重要的，要把佛修到自己的心里来，要把佛修到自己的感觉里。假如你的心中有佛，你感觉得到佛的存在，你能与佛的法身同在，所谓"佛光普照"，自然能够获得福寿永康宁。所以，我们讲修行，最好是六根互用、六根共修。

六根修行

常听人说："人要修心养性。"其实光是修心还是不够的。人体有眼、耳、鼻、舌、身、心等六根，他们每天接触六尘，攀缘外境，引诱我们造作种种的恶业，因此佛经形容六根如同六个盗贼，时时在窃取我们的功德法财。我们要如何避免受到"六根"所害，就是要做好六根的修行。六根如何修行，说明如下：

第一，眼能见己身之过

一般人的眼睛，都是用来看别人的过错，却看不到自己的缺失，因此整天讨厌这个、不满那个。如果我们能改变自己，不再光看到别人的不是，而能"反观自照"，看到自己的过失、自己的不是，这就是眼睛的修行。

第二，耳能闻逆耳之言

俗语说："良药苦口，忠言逆耳"。一般人的耳朵，只喜欢听别人赞美我，说我的好话，但对朋友诚恳的忠告，却是置若罔闻，甚至心生反感。如果我们现在能欢喜纳受别人的规过、劝谏之声，甚至"闻过则喜"，这就是耳朵的修行。

第三，鼻能嗅圣贤之香

有人形容，鼻子追逐香臭之味，就像"探子"打听军情一样，可见鼻子的敏锐。不过一般人的鼻子，一天到晚只是追逐饮食的香味，如果我们能进而嗅到圣贤道德的芬芳之味，这就是鼻子的修行。

第四，舌能尝真理之味

舌能尝鲜，是谓"口福"，一般人更以能够尝尽天下的珍馐美味，是为莫大的福报。不过，"病从口入，祸从口出"。这也是人尽皆知的道理，所以我们最好要让舌头经常咀嚼真理的法味，进而能口宣佛法真理，这就是舌头的修行。

第五，身能触清净之境

人的身体喜欢接触冷热适中、柔软细滑的东西，所以我们要坐沙发、睡床铺，享受冷气等。如果能偶尔到寺院道场去禅坐、礼拜、端身、正直，让身体感触清净的境界，这就是身体的修行。

第六，意能思慈和之乐

俗语云："人不为己，天诛地灭。"一般人每天心心念念想到的，都是自己如何获利、如何扬名、如何发财、如何成功。如果我们能够进而想到：我要慈悲、我要公正、我要和平、我要助人。尤其要能够有"但愿众生得离苦，不为自己求安乐"之念，这就是心的修行。

修行非口头上、意念上、说给人家听的修行，而是要能真正地去实修、实行。修行不必谈了生脱死，先把六根修得好，就已是功德无量。

眼根修行

眼睛是灵魂之窗，如果没有眼睛，不但生活上将会造成诸多的不便，而且无法欣赏到五彩缤纷的美丽世界。不过凡事有利亦有弊，眼睛有时候不当看而看，或是看错了，也会造成人际之间许多的是非与纠纷。如何才能发挥眼睛应有的功能而不致产生麻烦，首先要做好"眼根"的修行。有四点说明：

第一，我们要修慈眼

慈悲是人间最美好的无价之宝，观世音菩萨所以能被家家户户所信仰，就是因为观世音很慈悲。所谓"慈眼视众生"，能以慈悲的眼睛看人，人人都是菩萨，所以我们不要用怀疑的心眼看人，不要用不信任的眼光看人，不要用先入为主的观念看人，而要以慈悲心待人，以慈悲的眼睛看人，则不但所遇都是诸上善人，其实当下自己就是慈悲的观世音。

第二，我们要修慧眼

慧眼就是真理的眼睛、智慧的眼睛。一个人能透过般若智慧的眼睛来辨别是非、权衡轻重、知道善恶、了解好坏，这就是慧眼。有很多人不明理，就是因为智慧不够，看不清事实真相，所以能修出一双智慧的眼睛，才不会被假相所迷惑。

第三，我们要修法眼

法眼就是对真理的认识，例如对生从何来、死往何去，对宇宙的起源与还灭，乃至对一个人的生、老、病、死，对世间的成、住、坏、空，对心念的生、住、异、灭等，我们要用法眼去透视。法眼就如显微镜，再细微的事物，经过显微镜一放大，真相就会显现出来。所以我们要修出一双法眼，才能看清人生实相。

第四，我们要修佛眼

佛就是觉悟真理的人。能用佛眼看这个世间的一切众生，彼此都是平等无差别；能用佛眼看这个世间上的众生，都如佛子罗睺罗，所以佛眼就是智慧、就是慈悲。能用佛眼来观照人间，世间人人都是佛；反之，你用仇视的眼睛看人，人人都是冤家对头，唯有用清净的双眼，才能见到清净的自性。

每个人都有一双肉眼，但是肉眼所见有限，肉眼只识大不观小，所以，"眼根的修行"，除了要修出一双慈悲的眼睛、智能的眼睛以外，进而要修法眼，要能见到过去、现在、未来，且能看里看外、看大看小，甚至要修"佛眼"，所谓"佛观一钵水，八万四千虫"。不过眼根修行更重要的还是要多看自己，要检讨自己的过失；要看别人，以期见贤思齐；要看世界，以拓展自己的心胸；要看未来，以建设人间净土。

耳根修行

人的习气，耳朵喜欢听"赞美语"、"秘密语"、"是非语"、"甜言蜜语"，甚至无修养、无意义的话语；唯独不喜欢听"劝诫"、"忠告"的逆耳之语，这些都是不会听话。真正会听话的人，不但是"非礼勿听"，而且要能善听、谛听、兼听、全听。关于耳根的修行，说明如下：

第一，要善听

人要善于听话，才会进步。所谓"善听"，就是能把不好的话都听成是好话；反之，不善听的人，有时候好话也会听成坏话。中国的四大菩萨，观世音菩萨骑鳌鱼、文殊菩萨骑狮子、普贤菩萨骑大象、地藏菩萨座下骑的就是叫"善听"的白犬。会听话的人，所谓"佛法如大海，流入阿难心"；不会听话的人，左耳入，右耳出，把别人的话当耳边风，甚至"闻善言不着意"，这就是不会听话。

第二，要谛听

"谛听"就是要认真听、注意听，不要听错了！有时候下属对领导报告，领导没有用心听；有时候领导吩咐部下，他只听了前面的一句，后面没有听完全，这就是没有谛听。所以耳朵的修行要会谛听，像《金刚经》里释迦牟尼佛嘱咐须菩提要"谛听！谛听！"就是不要听错了。

第三，要兼听

兼听就是不能只听一面之词，要采纳各方的建言，所谓"兼听则明，偏听则暗"。懂得兼听的人，他能"闻一知十"；不会兼听的人，听了十句，他只懂得一句、两句。所以，弘法传教之人能兼听，多听别人的意见，才能观机逗教；一般人能多听别人之言，才能善解人意、才能融入群众。

第四，要全听

全听就是不要断章取义，对于前因后果、来龙去脉，从头到尾，我都能听清楚，都能了解。因为一切事必有它的前因、有它的背景、有它相关的历史因缘。历史，不仅记载了先人努力创业的经过，亦为后人留下了祖先永恒的智慧；透过对历史的认识，可以找到真正属于自己的根。所以听话要全听，没有全听，就不能完全了然。

目不能自见，鼻不能自嗅，舌不能自舐，手不能自握，唯耳能自闻其声，因此，为人应该"慎言语以养其德"，尤其应该学会听话的艺术，这就是耳根的修行。

鼻子的修行

人的生命在呼吸间，透过鼻子的呼吸，生命才能经由一呼一吸而持续存在，如果有一天忽然一口气上不来，一期的生命就会终止，也就是一般所说的死亡。鼻子除了司职呼吸外，它的另一个功能就是能嗅香臭味，因而产生好恶分别，进而生起爱憎之心，乃至起惑造业，所以鼻子需要修行。关于鼻根的重要与修行，有四点说明：

第一，它是生命的泉源

人要呼吸才能生存，呼吸主要的器官就是口鼻，有时我们不小心感冒了，鼻涕直流，造成呼吸不顺畅，人就会很不舒服。或是有的人不幸发生意外，想要探知此人是否还活着，大都会先摸摸他的鼻子，试试看到底还有没有气息，一旦没有了气息，可能就是死亡了。因为鼻子关乎我们的生死存活，所以不但在人体上占有举足轻重的地位，在修行上也要靠它助长生命的发展。

第二，它如香臭的探子

鼻子是一个探子，它像情报员一样，空气中弥漫什么味道，不管是香、是臭，是新鲜的空气，或是污浊不堪，乃至有毒的煤气、瓦斯等味道，都是由它最先察觉，然后知会其他五根，进而产生好恶。一般来说，当人闻到芬芳花香，就有清净的感觉；闻到喜欢的香味，就觉得很有气氛。所以，佛教徒燃香供佛，在香烟缭绕、香味芬芳的环境里，能让我们身心自在，增加修行的效果。

第三，它作善恶的辨别

闻香逐臭是鼻子的专长，它不但和舌头一样，对味道特别敏感，如果不合其意的味道就会排斥、打喷嚏；反之，适合它需要的空气，则会尽情地多吸几口。此外，一个人的善恶好坏，鼻子也能嗅出几分，我们有时处在一个诡谲的环境里，面对一个不怀善意的人，空气中自然散发出不一样的气氛，这时鼻子也能感觉得到。所以，菜肴的咸淡要靠舌头品尝；空气的净秽、人格的善恶，要由鼻子来辨别。

第四，它懂人生的风味

人生充满酸甜苦辣、悲欢离合，这就是人生的滋味。有时候我们看到别人不幸的遭遇，自然为之鼻酸，甚至一掬同情之泪；有时候朋友欢聚的场合，总会烹调一些美味佳肴，我们也能闻香而来，同享快乐的气氛。

所以，随着鼻子的触觉宽广，我们也能感受不同的人生风味，体会各种人生百态，这也是人生的修行。

在人体六根当中，鼻子是一个很重要的器官，对人的生存和修行，都有重要的地位。

舌根修行

一个人的六根，可以说舌头最容易造罪，因为舌头不容易说好话，甚至不肯说真话，所谓"三寸不烂之舌"，假的可以说成真的，好的也能说成坏的。不过，若能善用舌头，有时候"舌灿莲花"，透过舌头说法，这是无上的布施；或是说一些赞美、鼓励、给人信心的好话，都能成就别人的好事，也是自己最好的修行。所以"一言以兴邦，一言以丧邦"，舌头最是需要修行，有四点提供大家参考：

第一，要能说爱语

爱语如阳光，可以把温暖散播十方；爱语如花香，能够把欢喜带给众生。平时与人相处，脸上常露笑容，口中常说爱语的人，其亲切、慈悲，自然可以赢得人缘。若由个人扩而大之，让社会上人人都能常说爱语，必能创造一个充满爱心的世界。所以，"爱语"一句，不但给人欢喜，也是自己最简易的修行。

第二，要能说慰言

一个人遭逢失意的时候，朋友能适时给予几句安慰、鼓励的话，有时胜过千金的资助。因为人在挫折、丧志，对前途感到灰心绝望的时候，最需要的是精神上的鼓舞；能够重新燃起希望，重新建立信心，重新鼓舞勇气，就有力量东山再起。所以，我们平时说话，要能给人信心，这是莫大的功德；反之，说话伤人，让人丧失求生的意志，形同杀生，不可不慎。

第三，要能说善事

古人将"隐恶扬善"视为美德，今人则以"隐善扬恶"为能事。其实，中国人所谓"家丑不可外扬"，任何人都不希望自己的短处、隐私被人揭发，所以做人要将心比心。对于别人的善行好事，我们要替他宣扬；反之，别人的缺失则应尊重当事人的隐私权。所谓"扬善如报恩""隐恶是修养"，一个有道德的正人君子，能够常说好话，口宣善事，必然常保口气芳芬。

第四，要能说佛法

《金刚经》说，三千大千世界的七宝布施，不及流通四句偈的功德，所以有谓"诸供养中，法供养第一"。物质的布施，只能救济一时之贫；一句佛法真理，能够让人明理、有智慧，不但能济今生之苦，而且生生世世受用无穷。所以，一个人若能对人传授有用的知识、技能，甚至效法佛陀出广长舌，宣说佛法真理，这才是最究竟的慈善，也是舌根最大的修行。

舌根的修行，就是平时说话除了不能恶口、两舌、妄言、绮语以外，进而要说爱语、慰言、善事、佛法，让人听后心生欢喜、充满信心、提升道德、开启智慧，这就是舌根的修行。希望大家都能善护口业，好好修行，切莫造殃。

身根修行

　　有一个故事说，过去有一位老禅师在深山里打坐修行，有一个魔王想来吓他、破坏他的道行，因此见了禅师后，身体一变，两只眼睛没有了，只剩两个窟窿，当然很可怕！但是老禅师一点也不害怕，他说："哦！这是什么东西呀？怎么没有眼睛呢？不过也好，没有眼睛以后就不会乱看了！"魔王发现没有眼睛并不能吓倒禅师，便又摇身一变，没了耳朵！"哎呦！怎么没有耳朵？也好，没有耳朵以后就不会随便听信谗言了！"魔王一看，吓不倒禅师，又再一变，鼻子没了！老禅师又说："没有鼻子也好，以后就不会乱闻香、闻臭了！"魔王再变，舌头、嘴巴也没有了！老禅师又说："哎呦！没有舌头很好，以后就不会乱说话、乱骂人了！"魔王不死心，又再一变，连身体都没有了！老禅师说："没身体更好，既不会打人，也不会做坏事。"

　　老子说："吾之大患，在吾有身。"身体是纯大苦聚，是万恶的渊薮；但是佛教认为，身体虽是四大假合而有，是虚妄不实的，然而我们必须"借假"才能"修真"。所以，对于身体，我们还是要好好照顾，更要好好修行。

　　身的修行有四点：

第一，要威仪端庄

佛门非常注重威仪，所谓"三千威仪，八万细行"，僧伽的一袭袈裟，乃至举手投足间，都能展现威仪度众；尤其佛陀的三十二相、八十种好，更是令人折服。平时我们要注意自己的威仪，当我们跟人见面时，外表给人留下的第一印象固然重要；尤其"诚于中，形于外"，外表威仪端庄的人，必然也有一颗真挚诚恳的心。能够里外一如，威仪端庄，这就是修行。

第二，要礼拜谦恭

我们平时跟人见了面，都会礼貌性地点头招呼，尤其见到长辈或圣贤的肖像，都会礼拜，表示恭敬，这就是身体的修行。另外，佛教徒平时要礼佛、拜忏、跑香、打坐等，这主要就是身的修行。

第三，要气质善良

人为什么要读书？因为读书可以知书达礼，可以改变气质；佛教徒为什么要修行？也是为了净化心灵，培养慈悲心、喜舍心、感恩心、惭愧心等。当内心有了善良的心性，自然能变化气质，表现在外的举手投足，乃至从面孔一看，自然会给人一种祥和、亲切的感觉，这就是修行。

第四，要勤劳服务

修行不是懒惰的代名词，不是隐遁深山、自修自了；真正的修行要在日常生活里，从工作中发心为人服务、为人解难、为人说法。透过勤劳服务，与人广结善缘，实践菩萨道，这才是修行的真义。

佛经说："人身难得今已得，佛法难闻今已闻；此身不向今生度，更待何生度此身。"我们今生有幸得生为人，应该把握难得的人身，好好修行，切莫空负此生。

心的修行

佛经里有个譬喻说：人的身体就像一座村庄，在这个村庄里住了六个人，就是眼、耳、鼻、舌、身、心。他们犹如六个强盗土匪，日夜在我们身体的村庄里扰乱，使我们不得安宁。而这六个盗贼平时由心当首脑，心是大元帅，统领着六根，他叫眼睛乱看、耳朵乱听、鼻子乱嗅、舌头乱尝、手脚乱做。所以讲到六根的修行，所谓"擒贼先擒王"，心的修行最为重要！有四点意见：

第一，要会思维

思想是促进人类文明的动力，人因为有思想，故能开发智慧，因而佛教讲"以闻思修而入三摩地"，儒家也主张"学而时习之""学而不思则罔"。思想到了极致，就是开悟。当初佛陀的悟道，也是经过苦思冥想，才能悟出宇宙人生的道理，而能了然于心。所以，我们的心平时要常思维真理，要多想好事。

第二，要具灵巧

人有好多种，有的人很笨拙，有的人很灵巧。笨拙的人不容易受人欣赏，灵巧的人到处受人喜爱。灵巧有时候是与生俱来的，有时候靠后天用心学习，也能转笨拙为灵巧。学佛修行，首先要有一颗灵巧的心，要会变化，不要太刻板，不能太执着，才能对真理心领神会。

第三，要肯接受

人在学习的过程中，最重要的就是学习接受。不能接受，父母、师长传授给你再好的道理、再好的方法、再好的东西，都不能成为你的；唯有接受，才能成为自己的资粮与养料，所以佛经里譬喻闻法要"如器受于水"。乃至世间举凡正当的、清净的、善良的、真实的知识、道理、技术，都应该好好接受，自己才会不断进步、成长。

第四，要能包容

世间是一半一半的世界，白天一半、夜晚一半；男人一半、女人一半；好的一半、坏的一半……我们对于好的固然要接受，对于不好的也要能包容；唯有好坏都能接受、包容，才能成就全面的人生。所以，学习包容，就是扩大自己、升华自己、圆满自己。

俗语说："浇花要浇根，修行要修心。"心修得正、修得好，自然一切皆正、一切都好，所以佛教有谓："佛说一切法，为治一切心；若无一切心，何用一切法。"

居家的修行

人都要修行，修行不是出家人的专利，在家也能修行。修行也不一定要到寺庙里去，家庭就是道场，就是修行的好地方。

关于居家修行，有四点看法：

第一，恭敬父母，尽心孝养

敬事长上，孝养父母，这是居家的第一修行。所谓"堂前双亲你不孝，远庙拜佛有何功？"父母是我们现世的福田，父母就如佛菩萨一样，是我们应该恭敬的对象。一个人如果连父母都不懂得要孝顺，说他能为天下众生服务，说他能对佛菩萨恭敬，实在不免让人质疑。

第二，恒以善法，教育眷属

家庭里，父母子女，兄弟姊妹，伯叔妯娌，我和这许多眷属相处，应该要施以道德、慈悲、仁爱、因果等善法，要用这许多好的道理来教育眷属，影响眷属，让大家每天都活在善法里面，不要走岔了路，否则一失足成千恨，将来难以回头，实在很可惜。这是居家的第二修行。

第三，悯念童仆，知其有无

有的人家里雇有童仆，或者公司聘用职员，要懂得爱护他、照顾他，尤其要知道他的需要。有时候属下缺少资用，生活有了困难，你能适时帮助他解决，他就能一心一意地为你服务；如果你不能善体他的需要，不能解决他的问题，虽然他的人在你身边服务，心没有跟随你，这就是失败的领导人。所以，悯念童仆，知其有无，这也是修行。

第四，近善知识，远离恶人

我们在日常生活里，要亲近善知识，善知识就是我们的良师益友。所谓"近朱者赤，近墨者黑"。在我们的人生旅途里，有了善知识的扶持，才能免于走上歧途。甚至我们不仅要亲近善知识，远离恶友；进而能成为别人的善知识，劝善规过，这是居家的第四修行。

"佛法在世间，不离世间解"。真正的修行，要从生活中去体证、落实。

修行在人间

一般人谈到修行，总有一个错误的观念，认为修行若不是在佛堂里诵经拜佛，就是到深山里遗世独立，不食人间烟火，这就叫作修行。其实六祖大师说："佛法在世间，不离世间觉；离世求菩提，犹如觅兔角。"真正的修行，要从生活的做人处事做起，你能待人慈悲，就是修行；你能负起应负的责任，就是修行；你的言行举止安详从容，与人和乐相处，也是修行。修行不是口号，不是仪式，而是从身心行仪里流露出来的道德、涵养，这才是真修行，所以离开生活，离开人间，别无修行可言。

至于如何在人间修行？有以下四点意见：

第一，学习爱语

俗语说："好话不怕千回说。"一个人要做人成功，爱语要说得多；工作要做得成，爱语也不能少；凡是所行所做，对待朋友，都要有爱语。世间上没有人不喜欢听好话，一个人常常说好话，你就会变成好人，你的事就会变成好事，当然，别人也欢喜你这个好人好事。所以平时要多说爱语，多说赞美的话、尊重的话、成就别人的话，这些都是多多益善。甚至有时说一些不切实的赞美来替他人戴高帽子,也未尝不是一种美德。

第二,学习关怀

对人有了爱语,还要有切实的行动,用真心去关怀别人。比方说,力量不足的人,给他一些助力;财力贫乏的人,给他一些布施;学问不够的人,传授他一点知识;技艺不精的人,教导他一些技能。懂得关怀别人,这就是慈悲,就是修行。

第三,学习应对

一个人即使学富五车,不懂得应对,总是愚人。平时待人处事,举止进退,都要懂得分寸。当人家待我一分好,我要加倍对他;别人跟我说一句话,我要回应他两句;别人给我一个微笑,我要报以二次、三次的微笑。一个懂得应对的人,人际关系必然和谐。

第四,学习忍耐

在生活、工作里,最大的力量就是忍耐。忍耐可以激发心中的力量,有力量自然就不会烦恼、不会动心、不会起嗔,且能愈挫愈勇,忍到最后就有智慧看世间万象,这就是最大的修行。

共修共学

修行和学习，是每个人一生的功课。有的时候我们需要自修、自学，有的时候也需要共修、共学。自修、自学就是我有自己的课程安排，我有自己的学习方式，这是属于我自己个人的密行，我可以自由调配时间，自己安排内容。共修、共学就是跟大家一起学习，配合大众的时间一起切磋勉励。关于共修共学，有四点意见：

第一，有个人，更要有大众

人，不能离群独居，不能孤芳自赏，虽然每个人每一天都应该有自己独处的时间，但更多的时间要和群众在一起。尤其在学习修行上，不能闭门造车，不要自修自了，而要走入群众，与人互动，所以佛门有所谓的共修、参访等活动，也就是要去和合群众，要与大众融和在一起。

第二，有分工，更要有团结

所谓分工，就是分层负责，各自承担自己应负的责任。但是个人承担，有时候还需要大众的帮助，所以，分工之余，还要懂得合作。能够分工而又团结合作；有分有合，能合能分，才能发挥群策群力，达到集体创作的效果，完成更大的任务。就如寺院道场，平时也要和其他的友寺往来、联谊，彼此互相观摩、学习；个人的修行学习，也要有很多的道友、同参一起切磋琢磨，所以，有分工也要有团结。

第三，有人情，更要有公德

人生处事，离不开情、理、法，有时候在不影响大众权益的情况下，固然可以有自己的思想、自己的性格、自己的需要，甚至有时候不能不做个顺水人情。但是所谓"宁教老僧堕地狱，不拿佛法做人情"。在佛法真理之前，甚至在公理正义之前，也要有道德勇气，要顾及大众的需要，要有公共的道德，要有公共的服务，要有公共的来往，如此在修学的路上才能更有成就。

第四，有内修，更要有外缘

有的人光是自己修行，平时不肯跟人结缘，如此即使自己修得再好，果真能够放下万缘，真能修得与世无争，甚至无欲无求；但是，因为缺乏外缘，到处不受人欢迎，不受人欢喜，也不名为修行。所谓"未成佛道，先结人缘"。做人不是光靠一个人就能存在，所以修行和做人都要培养很多的因缘，有了因缘，个人才能存在。

人难免有惰性，透过共修、共学，可以借助于大众的力量，督促自己用功，借助于外缘的砥砺而不致懈怠。共修、共学的好处，就像一根木材烧出来的火，火光很有限；结合很多的木材，就能烧出熊熊的火焰，热力就大了。又如一个手指头打人，没有力量，五个手指头合起来成为一个拳头就有力量，所以共修共学在我们学道的过程中，有时也是很重要的。

六种修行

修行的方法很多，但不外要在举心动念和言语行为之中去做功夫。以下六种方法，提供参考。

第一，面孔要有表情，要有微笑

微笑，是最美的色彩；有了表情，人间就会变得多姿多彩，生命也会变得朝气蓬勃。无论男女老少，一个微笑的表情，就像盛开的花朵，它能使颓唐的人得到鼓励，使烦恼的人得到解脱，使疲劳的人得到安适，使悲伤的人得到安慰。

第二，眼睛要有慈悲，要有关怀

善目可以鼓励别人，你看，讲演者需要聆听者专注的眼神，表演者需要观赏者肯定的眼神。观世音菩萨因为"慈眼视众生"，给人护念，给人救苦，所以能为众生作慈航。

第三，口中要有好话，要有赞美

口，是修行最好的方便，但也是最难修行的关口。不懂得说话的艺术，容易祸从口出，招怨惹嫌；会说爱语的人，能以好话给人赞叹、给人信心、给人欢喜，所以到处广结善缘。

第四,耳朵要有善听,要有分辨

有的人会听话,善解人意;有的人不会听话,误解人意。所以佛教里有谓"善听""谛听""兼听""全听"。听话,要能听得出人家的话中之意,要懂得思考分辨,尤其要不听是非而听实话。

第五,手脚要有服务,要有助人

我们的手脚,要用来为人服务。例如,人不识路,你为他指一下方向;走路不方便的人,你能搀扶他一下。能用手脚为人服务,才能发挥手脚的功用。

第六,心里要有祝福,要有尊重

我们有时发心布施,或捐助金钱,或赠以物资,其实都还是有限的,心香一瓣,才更可贵。世间上,有形有相的东西总会无常;无形的祝福,才是无限无量。

修行离不开行住坐卧,生活中掌握这六种原则,面带微笑,慈眼视人,口说好话,善听分辨,为人服务,心常祝福,不仅为世间留下善用,也是最简便、最具体的修行道场。

"无"的修行

世间上的人总是在"有"上求，有车、有子、有钱、有名等，其实"有"还是有限、有量、有穷、有尽。佛法教我们从另外一个"无"上去思考，你无欲则能刚强，你"心无挂碍，无挂碍故，无有恐怖"，就能"远离颠倒梦想，究竟涅槃"。"无"不是没有，"无"是无限量、无穷尽。那么，我们怎样有一个"无"的生活呢？有四个修行方法：

第一，诸恶无染

"染"有渐进的力量，不容易使人察觉，因此，对于一切的恶习、恶念、恶事、恶友，我们不要去沾染，一旦沾染，就不容易舍离。所谓"祸福无门，唯人自招"，只要为人正派，不该做的事情，不要去做，自然不会招惹无谓的麻烦。

第二，诸行无私

孔子说："天无私覆，地无私载，日月无私照"。天地无私，所以成其大；日月无私，所以能遍照。人生假如想要有一番作为，你凡事只想到自己，只有招致自私的结果，没有人缘、没人帮忙，势单力薄，难以成事。反之，若是心念作为皆能为大众设想，自然会有大众的因缘共同来成就，结果必定会更好。

第三，诸心无住

倘若我们平常的举心动念都住在五欲六尘里，念念在金钱上，念念在爱情上，念念在名位上，必然患得患失，不得安宁。《金刚经》说："应无所住，而生其心。"心无所住，就能无所不住，"犹如木人看花鸟，何妨万物假围绕"，如虚空一般，生命必然扩大无比。

第四，诸情无执

一般人与人互动付出时，总希望能获得对方同等分量的回报，用情愈深，期待愈大，如果没有符合自己所预期，烦恼也就越多。佛教则主张用理智净化感情，用慈悲升华感情。你的感情升华了，你不执着，就不会有情执。古人有谓"情到浓时反为薄，情到深处无怨尤"；佛门也说"莫嫌佛门茶饭淡，僧情不比俗情浓"；你没有执着，看起来好像无情，其实平平淡淡最是真，平平常常最永恒，其中蕴含无限慈悲，无限智慧。

"无"是佛教修行的最高境界，我们薄地凡夫虽尚未能体证，至少在日常生活中，应该努力做到以上的四种"无"。

真修行

有的人把佛法研究得很透彻，有的人讲经讲得很精湛，有的人禅坐的功夫非常深，有的人念佛念得很迫切。什么是真修行？修行不一定意指出家人或宗教家的行持，其实任何一个人都应该要有修养，有修养就是有修行。现在有四点修行的意义，提供大家参考：

第一，在受苦时处之泰然

世间什么最苦？生不得志，攻苦食淡；贫贱患难，人情最假。不管什么苦，都不如佛教的"八万四千苦"，一语道尽"苦"为世间之实相。古人说"道在苦中磨""知苦方有道"，在在说明真修行在受苦受难的时候，仍然感到泰然，仍然感到自在。佛弟子头陀第一的大迦叶尊者，着粪扫衣，宿居冢间，食腐败汁，遭受外道陷害，身处危难，但是他的内心安然，不以为苦，甘之如饴，所以这是真修行。

第二，在委屈时忍耐放下

一个人最难忍耐的就是自己受到委屈，觉得不公平，不合理。假如在这个时候，不计较、不比较，就是一个有修养的人。比方被人误解时，能不急于为自己解释辩驳；或者当别人出语不逊时，心里能够忍耐承受，以平等、放下的心来处事，修行就能见真章。

第三，在忙碌时气定神闲

有些人觉得要到深山里去苦思冥想，或是眼观鼻、鼻观心地自我独居才是修行。其实，真正考验一个人的修养，是在忙碌时。假如你平时修养很好，在忙碌时就不会心烦意乱、手足无措。如果生气发怒，那就表示功力还不到家。一个人在忙碌时，仍然能够气定神闲、井然有序，才是真修行。

第四，在受辱时心怀慈悲

我们在受到利益、顺境、好处时，心里感到很安乐，就能以慈悲心待人；反之，在受到他人侮辱时，还能不计较，可怜对方的无知，以慈悲的心量来原谅他，这个就是真修行。佛弟子舍利弗遭人毁谤污辱，但是他的心中毫无一丝怨恨，反而躬身反省，把吃的东西吐出来，以表示清白，他的心犹如大地，能容纳清净之物，亦可堪载污秽屎尿，同时以慈悲心对待毁谤的人。舍利弗是真修行的榜样。

所以，什么是真修行？主要是对你的身心有所帮助，能在你的心理上，改变一些观念，那就是修行。

修行战略

　　世间最困难的战争，不是百万雄兵对峙，也不在于敌我阵势相当，而在于内心的佛魔之战。《四十二章经》形容，修行者好比披甲上阵与百万烦恼魔军作战的勇士，心性怯弱的人，大多半途而废，只有坚持愿力者，能够达到最后的胜利。那么修行要有几种战略呢？

　　第一，以正见持戒为盔甲

　　有形的盔甲可以抵御强敌，保卫自身，而正见的盔甲可以抵挡诱惑，远离贪嗔痴三毒。因此，首先要建立正见，才能走上正道；有了正确的人生观，还要持戒力行，才能圆满生命。

　　第二，以智慧方便为刀剑

　　经典说："以智慧剑，斩烦恼贼，破生死军，摧伏魔怨，荷负一切，令诸众生皆得解脱。"智慧第一的文殊菩萨，手持宝剑，就是象征以智慧剑，斩断烦恼魔军。有了智慧，加上自利利他的方便法，可以舍弃自私小我，进而成就无私大我的生命。

　　第三，以精进勇猛为力量

　　世间举凡艰巨的工作，都由勇猛坚持而完成，光明灿烂的前途，也无不由精进不懈而圆满。因为精进的力量，可以解开心中的缠结，勇猛的力量，能够驱策前进，不生畏退。如此必能克服困难，成就功业。

第四，以慈忍大愿为战术

慈，可以对治嗔恚，能化解内心无明怨怼；忍，具足大勇大力，能成就世间一切功德。如《忍辱经》所说："怀忍行慈，世世无怨，中心恬然，终无毒害。"再以愿心做目标，如此可以增加内心的力量，降伏烦恼。

第五，以戒定慧学为统帅

戒如清水，能洗涤我们心地的污垢；定如璎珞，能庄严我们的身心；慧如明灯，能照亮我们的前程。以戒定慧三学作为我们与烦恼战斗的统帅，可以降魔，可以获得无量的法财。

第六，以八种正道为大军

八正道是离苦得乐之道，也是转凡成圣的途径。正见因缘果报、善恶业力、无常苦空；正思喜舍、慈爱、巧慧、结缘，正语诚实、柔软、爱语、善言，正业是护生不杀生、布施不贪取、持戒不邪淫，正命是从事合理的经济生活，正精进增长悲智，断除贪嗔，以正念作为安住身心之处，以正定开启般若智慧。这些都是我们防守六贼的坚固城墙，也是战胜烦恼魔军的勇猛大军。

人生存在世间，就必须要有强盛的斗志，勇于向自心的无明、懈怠、执着挑战，来提升心灵的境界，让每一天的生命都有新的进步成长，这才是人生的最高价值。以上这六点，是重要的修行战略。

处世哲学

人在世间上生活，总要与人相处，都要和人共事。如何相处共事，每个人都有各自的一套方法应付，这就是处世的哲学。关于处世哲学，有四点意见提供：

第一，不说人非，是厚道

世间上最可怕的就是"是非"，是非无有定论，但杀伤力却强大无比。有的人被是非所困，终日扰攘不得安宁；有的人被是非陷害，丧失了本有的成就。所以，我们不说别人的是非，就是厚道。而当自己面对是非时，要紧的是不听是非、不传是非、不怕是非。当一个人参不透人情、辨不清是非时，就会起无明，所以，批评别人的话当于人前说，自然可免是非。

第二，不辩己是，是高见

人际相处，有时候难免会被别人错怪、误会，有的人急于保护自己，就百般辩白。其实真正高明的人，不必为自己辩解，哪怕是自己没有错，不过你能自我反省，自我认错，并不会蚀本，反而增长阴德。所以有时候不要太计较自己的得失，人家的一言一语不要太在意，因为毁谤打倒不了一个有志气的人，除非自己本身不健全、没有实力，因此，面对毁谤最好的方法就是不去辩白，不辩己是才是高见。

第三，扬人善事，是结缘

佛教讲"未成佛道，先结人缘"，心存欢喜、恭敬、祝福的心，就是一种结缘的心，尤其给人好因好缘，就是最好的供养。有时候背后说人家的一句好话，称扬别人的一件善行，就是帮他铺路，给他一些方便，这就是最好的结缘。能够常常不吝扬人善事、称人美德，结缘多了，自己也会得到很多的方便。

第四，隐人往恶，是修德

古德云："休将自己心田昧，莫把他人过失扬；谨慎应酬无懊恼，耐烦做事好商量。"中国人过去总把隐恶扬善视为做人应有的美德，但今人往往隐善扬恶，并且尽可能地以揭发别人的隐私为能事。其实做人要将心比心，自己的过往又何尝愿意让别人当成话题谈论，既然己所不欲，岂可加诸他人？因此，懂得隐人往恶，必是有德之人。

处世的哲学当然很多，只是一个人只要能够做到"不说人非、不辩己是"，进而"扬人善事、隐人往恶"，必能广结善缘，积聚功德，如此人生的旅途必然走得更平顺，而不至于感叹世道坎坷，人间路难行。

如何修行正法

什么是正法？我们要如何修持正法？人与人之间有人道，人道就是正法。世上的忠孝、慈悲、信义，这些伦理道德都是正法。我们想在社会上求财，不能用邪法、外道，要用求财正法。此外，在感情上、人情上，不论什么道，也都有其正法。应如何求得正法呢？在《正行经》里提到四点：

第一，精进听闻正法

修持正法的首要态度，就是以一颗精进的心，多闻熏习，如此才会对正知、正见有所了解。听闻能知道理，听闻能知意义，最重要的是，听闻会增加自己的信念。所以许多人在听闻正法，追求正当的宗教信仰时，会感到正法之味，如饮甘露，会勤求正法而不觉得疲厌，因为在乐法里，会获得更多的法喜。

第二，精进护持正法

《梵网经》说："闻一言谤佛音声，如三百矛刺心。"正法就是世间上的正义、世间上的公理。对于正法，我们必须努力不懈地护持。在佛教里，我们常用"护法"来称赞正信的佛弟子；一位充满热忱的护法者，还会为信仰、真理而牺牲奉献呢。

第三，精进演说正法

为使正法利益众生，我们必须时时宣扬和解说正法。《金刚经》说："若有人讲说四句偈，胜过三千大千世界七宝的布施。"意思是广为众生演说正法，令人深信因果，止恶向善，散播菩提种子，社会必定美好，这种功德是胜过布施物质的功德。

第四，精进修行正法

任何艰巨的工作，无不是勇猛坚持才能完成；光明灿烂的前途，无不由精进不懈而得圆满。精进的力量，能使人驱策前进，不生畏怯，自然能克服困难，道业增长。修行人要透过实修，方能体证、觉悟，圆满自己。若不精进修行，则如金矿未经开采，终不能得。

诸佛皆是修行在人间，成佛在人间，唯有听闻正法，护持正法，并且演说正法，修行正法，在浩瀚的宇宙中，发挥正知正觉的力量，才能成就佛道，为个人及大众留下善美深远的影响。

如何修身

一个人，之所以要修身，是为了要健全自己；自己健全了，对于家庭、社会、朋友、事业，都有帮助。修身，才能知道如何与人往来。我们要如何修身呢？有四点意见：

第一，居家要俭

一个人如果贪慕荣华，只图享乐，必然助长恶行，有时更因此而招致家败身丧。如李商隐说："历览前贤国与家，成由勤俭败由奢。"节俭并不是悭吝、一毛不拔，而是实不虚华，食不求精，衣不求美，饱暖则足。司马光说："由俭入奢易，由奢入俭难"，养成了奢华无度的习惯，再富有的家庭终必沦为贫乏；反之，如果能谨身节用，一粥一饭不奢靡浪费，自必因此而有所积蓄，甚至转贫为富，所以，居家要俭。

第二，创业要勤

这是一个物竞天择的社会，适者生存是必然的定律。一个人要想成功立业，不是靠家人的声望，也不是取决于出身的高低，而是端看自己的勤劳与努力。语云，"勤有功，戏无益"，勤才能改变你的人生，即所谓"勤能补拙"。一个出身贫穷的人，只要能勤劳，必能转穷为富。勤劳是创业之道。

第三，待人要谦

人际间的相处，有一个重要的秘诀，那就是谦虚。一个人的学识再好，如果高傲而不知谦虚，难受主管的青睐；一个人的容貌再美，如果自负而不知含蓄，难受他人的赞美；一个人的能力再强，如果不懂得忍让，难得他人的友谊。曾国藩说："谦，则不招人忌；恭，则不招人侮。"所以，谦虚和睦，才能获得人缘；谦恭有礼，才能受人尊敬，所以，"谦"是待人之道。

第四，处事要和

"和气迎人，则乖灭"。嗔怒，不但有害人体的健康，还常使小过变成大过、有理变成无理，甚至作出不当的抉择，因此在待人处事上，要能心平气和。心平气和能让头脑冷静，心平气和才不失方寸，心平气和才能克制刚躁之气。古人云："心平气和，而后足以平不平以致乎平，大事化为小事，小事化为无事。"所以，"和"是处事之道。

人与人相处，不知道自己的缺失是一件很危险的事，故凡事不要总是指责别人的不对、不是、不好或不应该。须知在世间法上，往往是对外容易对内难、修身容易修心难、做事容易做人难、读书容易明理难。

修身的准则

儒家说："修身、齐家、治国、平天下"。家的根本在个人，个人修身后，有了高尚的修养，才能齐家，家齐后才能治国、平天下。佛教亦云："仰止唯佛陀，完成在人格。"学习佛陀的精神，要能克己复礼，道德自律，才能开发光明的智慧。由此可知，世间上不管哪一种宗教，都非常重视修身之道，因为修身才能去芜存菁，修身才有光明磊落的胸怀，以及择善而行的节操。历代贤者，能为众人表率，皆从自我修身做起。

以下有四点修身应有的准则，提供参考：

第一，修身要能有高雅的气质

金钱可以买到华丽的衣服、可以买高级的化妆品，但是买不到气质，人的气质是由修身而得。《大学》云："欲修其身，必先正其心。"正心，则能克制自己的妄心、约束自己的行为，并且以礼来涵养性情，就如孔子所说，凡是不合礼者，不看、不听、不说、不做，如此必能仪容端庄，风度良好，且能具有高雅的气质。

第二，修身要能有庄重的风度

一个人，日常的言行举止是否笃敬谨慎，为人处事是否圆满无憾，就在他平日对自我修身的要求。孔子曰："诚于中，形于外"，一个有涵养、有风度的人，其所显现出来的气质，必然具有雍容庄重的风度，如三国时诸葛亮的"喜不大笑，怒不暴跳，哀不嚎哭，乐不轻佻"，这就是贤能之人的庄重气度。

第三，修身要能有亲和的举止

现今的社会，无论是学者、商贾或是政治人物，如果要能受到别人的爱戴，一定要具有"居上不骄，居下不卑"的亲和举止，因为不骄不媚的亲和行为，才能拉近人我的距离，更是获得人缘、建立良好人际关系的方法。亲和的行为不但是修身的方法，也是待人处世的原则。

第四，修身要能有中道的观念

人们在立身处事时，要能有不偏不执、不卑不亢的态度，要能有清净淡泊、乐观积极的心态，不受人我是非所扰、不受世间利诱所迷。如《论语》所说"君子惠而不费，劳而不怨，欲而不贪，泰而不骄，威而不猛"。如此则能从容处事，态度才能安详。

语云："求助不如结缘，求福不如修身。"

行事的要领

人，要在世间上生存，一定要做事，做事要懂得掌握做事的要领，才能事半功倍。朱浮言："智者顺时而谋，愚者逆理而动。"做一件事如果不懂得要领与步骤、没有与时俱进的眼光与智慧，不但花费时间、金钱，更达不到预期的效果，所以现代的企业非常讲究管理学，以及行事的要领。

什么是行事的要领呢？有四点：

第一，有智更要有慈

古德云："人用刚，吾以柔胜之；人用术，吾以诚感之；人使气，吾以理屈之；天下无难之事矣！"行事要有跳探戈的智慧，才能达到目的又不会伤人。除此之外，还要有慈悲心，有慈悲的人，才能为别人着想，才能体谅别人，才能爱护他人。歌德说："仁慈是一条将社会连贯起来的金链"。所以，行事要有智更要有慈。

第二，有勇更要有巧

处事要有勇敢进取的心，才不会因循守旧、踌躇不前。拿破仑说："绝对没有不因勇敢的希求成功，而能取得成功者。"所以，行事要先有必胜的决心，然后才有成功的希望。此外，还要有巧慧，如果光有勇，而没有巧，只能称之为莽。如三国时代的张飞，虽然很勇敢、很有胆识，终因没有巧智而失败。所以，行事要有勇更要有巧。

第三，有钱更要有德

有的人以为做人、做事只要有钱，就能万事亨通。所谓"有钱能通神""有钱能使鬼推磨"；但是，有钱不一定买得到健康，有钱也买不到寿命，更买不到别人对你的尊敬，所以，金钱不是万能的。我要如何让别人心悦诚服地与我来往？培根说："没有比良好的品德与态度更受人欢迎。"由此可知，一个人要有高尚的品德，才能获得人心。所以，行事要有钱更要有德。

第四，有口更要有心

行事不可以光是嘴巴说说，而不兑现。孟子说："人之易其言也，无责耳矣！"随意开空头支票的人，是没有责任心、没有信用的人，这样的人会让人不敢与他深交，更不敢与他有生意上的往来。因此《论语》说："言必信""言忠信"，都是说明做人要言出必行，才能让人信任。所以，行事要有口更要有心。

做事要有要领，懂得行事要领的人，必然也是个懂得做人的人。

生活修行四句偈

无论哪一种宗教，都是讲究自我的修行。好比衣服破了要补一补，东西坏了要修一修，人也会有行为不正、说话不正，乃至念头不正的时候，这时也要修正，这就是修行。人的起心动念、言行举止离不开生活，因此，修行也是不离生活，以下举出四点，可以作为生活修行依循的方向：

第一，涵养怒中气

对一般人来说，对于忍苦、忍穷、忍饥、忍饿、忍冷、忍热，大都还能忍耐，但在做人处世上的委屈、不平、恼怒要去忍恨、忍怒、忍气，就不容易了。尤其一口气你忍得下去，这是很大的修行，也需要很大的力量。能以"养气"代替"怨气"，"和气"代替"意气"，这就是"涵养怒中气"的功夫了。

第二，谨防顺口言

想要修行，修口是一大法门。话，不能随便出口，尤其是顺口语，无论是愤怒的时候，或是高兴的时候，都要克制自己。生气愤怒时，容易口出恶言，一句话伤害到人，再也收不回来；过度高兴时，容易忘形，随意地就许下承诺，泄露秘密，甚至说出不该说的话。因此，说话要三思，不可随意顺口而说。

第三，当心忙里错

有时候太匆忙，容易忙里有错。有一位媳妇，半夜接到母亲病危的消息，连忙抱起床上的孩子就往娘家跑。走过田埂，慌乱的脚步让她跌了一跤，幸好孩子没有哭泣，抱起来又忙赶路。到了娘家一看，手中竟然抱着一颗冬瓜。她急着返回田里，没有看到孩子，只有一只枕头。当她哭哭啼啼回到家里时，原来孩子还在家里睡觉呢。越是忙的时候，越是要仔细用心；越是忙的时候，越是要谨慎小心。

第四，爱惜有时钱

台湾企业家张姚宏影女士发心建寺办学，利益众生。问她为什么？她说："现在不做，等到将来我没有钱的时候，会懊悔的啊！"是的，正当有钱的时候不做，等到钱去了再想做时，也没有机会了，所以有一句话说："常将有日思无日，莫待无时思有时。"推而广之，凡事都应及时，当年轻力壮时，应以体力报答人间；当脑力尚佳时，应以智慧贡献人类；当有一片诚心因缘时，以心香一瓣，将好因好缘的生命，回馈社会十方。如何修行？"生活修行四句偈"，是很好的方法。

开始

　　人的一切行为造作之始，都是来自心中的想法，因此，心中的每个念头，是决定你上天堂或下地狱的开始；心中的每个念头，就是造成佛境与魔界的结果。魏征在《谏太宗十思疏》中提到："恐懈怠则思慎始而敬终，虑壅蔽则思虚心以纳下，想谗邪则思正身以黜恶。"所以，每个人都应该要慎始；开始的好坏、正邪，就是决定未来失败、成功的转轴。以下以四个"开始"来说明其重要性：

第一，崇山峻岭始于土丘

　　重重叠叠的山峦，并非本来就是崇山峻岭，它可能是由沧海变为桑田，再变化成土丘，慢慢又演变而为层峦叠嶂的峻岭。人的恶行往往也是由小而大，一个恶贯满盈的人，常常是起自最初的歹念，所以人应该慎防开始的一念。刘备说："勿以善小而不为，勿以恶小而为之。"经常自省，自能让恶念不积，如此才不会自我毁灭。

第二，汪洋大海始于细流

　　《法句经》说："水滴虽微，渐盈大器。"小小的细流，日积月累，可能汇聚成长江黄河，成为汪洋大海，所以细流不容藐视。西晋文学家陆机说："远绩不辞小，立德不在大。"小小的善行，可以救人一命；小小的结缘，可能改变人的一生，所以，一点一滴的小善行，就是积聚巨万的善功德。

第三，千年万劫始于弹指

一千年、一万劫，看似好长好长的时间，但是，这么长的时间，也是从一刹那、一弹指，慢慢聚集而成；同样的，成功的企业家、创意的设计师、笔补造化的作家，乃至于社会上有名气、有地位的人，其智慧、创意、技巧、经验，都是经过岁月的积累、时间的酝酿、生活的体验而来的，世间万物不能无中生有，所以，成功是经过学习的过程与时间的磨炼。

第四，永恒成道始于信念

所有证悟者，或是社会上的成功者，都是来自对真理的内涵不起疑虑，对于所学的技能不怯退，对于自己所建立的目标有正确的信念，如此才能有所成就。《华严经》说：信念与信心可以增长智慧，有了信就可以到达如来的境地；《大智度论》也说：信，就像人的手一样，一个人到了宝山，有手就可以自由地取宝，如果没有手就不能获取。所以，"信"是学习上、修道上的根本。

俗语说："好的开始，是成功的一半"，开始的方向正确了，才能到达目的地；开始的心念正确了，行为才能无误。所以凡事的起始是很重要的，我们不得不注意。

卷二 ｜ 修行之道

修行并不是表相上的苦乐荣衰，

而是在真参实学中，显发自性的光芒；

在志行坚固中，流露悲愿的力量。

处人之道

处人是一门很大的学问，处人不可太任己意，应洞悉人之常情。人都有希望被尊重、被了解、被赞美、被接受的天性，所以《佛光菜根谭》说：能以和蔼之容见人者，必得人和；能以谦逊之气处人者，必得人尊；能以恭敬之心待人者，必得人敬；能以赞美之言和人者，必得人缘。此外，关于处人之道，有四点意见：

第一，以温柔对待倔强

人有多种性格，有的人谦卑柔和，有的人狂妄刚强。宋朝克勤禅师说："人大凡为善知识，应当慈悲柔和，善顺接物，以平等无争自处。"柔和是处事的良方，柔和能消灭嗔怒的烈火，当与人相处，有时对方很刚强，如果我也跟他强硬，就等于半斤八两；最好能以柔克刚，也就是：你对我无礼，我对你恭敬；你对我骄傲，我对你谦虚，此所谓柔能克刚也。"牙齿以坚硬易毁，故至人贵柔。"常以柔软沟通彼此，必能相融无碍。

第二，以宽容对待苛刻

《佛光菜根谭》说："居心宽大，条条大道；待人刻薄，处处荆棘。"有的人生性尖锐，待人苛刻，凡事计较，丝毫不肯吃亏。面对这样的家人、朋友、同事，最好的办法就是以宽厚的心体谅他、包容他，因为宽容别人是和睦之道，宽容可以绝恩怨。所谓"做事要专，做人要宽"。能够用宽容的钥匙，打开褊狭的心扉，把身心安住在体谅上，世界会更宽广。

第三，以热情对待冷酷

现在是个重视色彩、声音的时代，人也要有表情、有声音、有动作，要像太阳一样散发光和热，带给人温暖。所以，平时对人要面带微笑，口中要常说爱语，尤其面对一些冷漠无情的人，更要展现阳光般的热情，去融化那冰雪般的冷酷。所谓"一心的专注可以开发潜能，一腔的热情可以化解冷漠"。一个能在大众中发挥热力的人，是最有智慧的人。

第四，以慈悲对待嗔厌

佛经云："嗔是心中火，能烧功德林。"嗔心一起，可以障蔽一个人的理智，如同乌云掩盖明月，又像野火，可以烧尽林木。嗔恚能坏人善事，能破坏感情，能引发祸患，能尽焚功德，因此，学道之人先须戒嗔，嗔心未断道休论。一个人嗔心太大，动不动就生气，动不动就讨厌这个、讨厌那个，自然容易树敌。

对于嗔心重的人，唯有用慈悲、忍耐来摄受他，慈悲大爱是永不战败的盾牌，做人应该以道理说服他人，更应该以慈悲折服敌对。

总之，处人要有和气，要有宽容，要有热情，要有慈悲。

"安居"之道

一个修行人，能够"身安"则自然"道隆"；社会上的士农工商，也要"安居"才能"乐业"。安居之道，就是一个人的身心能够安然自在地生活。如何才能"安居"呢，有四点意见：

第一，居安宁时能思危机

俗语说："人无远虑，必有近忧。"一个人身处安乐之时，要想到如果临时发生意外，应如何应变；处于富贵之际，要防范万一陷入窘境时，该怎么办；处于得意的地位时，要做好一旦无常来时，失去地位了又该如何下台。《诗经·豳风》说："迨天之未阴雨，彻彼桑土，绸缪牖户，"就是说明人要居安思危，则能有备无患。

第二，居福德时能虑远祸

人在顺境之中，不可仗恃福德深厚，而一味地安逸享乐，但看历史上的亡国之君，不都是在富贵荣华之中，因为不知"善始克终"而国破家亡的吗？贞观年间是唐朝极盛之期，当时魏征劝谏唐太宗说："处高危则思谦降，临满盈则思挹损，遇逸乐则思撙节。"这都是说明，虽处于福德之中，但要常常提醒自己"生于忧患，死于安乐"！

第三，居丰饶时能济贫困

生活过得富裕丰饶，应该要懂得济急救贫。有的人对于行善助人，总是说："等我再多存一点钱，再来布施。"这种人悭吝不舍，一辈子也不可能有钱布施，因为"待有余而后济人，必无济人之日"。所以，当我们现在有钱，生活犹有余裕，何不趁着行有余力去济贫救急呢？孟子说："人皆有不忍之心。"救济贫困，也是慈悲心的长养。

第四，居高位时能念谦卑

《左传》云："好在人上，莫能相下，虽其和也，犹相积恶，恶至无日矣！"一个居高位者，如果不能感念下属的辛劳，不能以谦让的态度与下属相处的话，其团体在表面上虽相安和睦，其实下属对上位者的怨怼已逐日积累，终有一天会遭人唾弃而众叛亲离。所以，居高位者，除了要以诚心善待下属外，还要做好无常一来，逊位之时的生活计划。

《孙子》说："智者之虑，必杂利害。"一个有智慧的人，他所顾虑的事，必定不是单方面的，而是有利有弊的整体考量。所以，在胜算之间，他已预备好如果不幸败北的解决方案，如此即使失败了，也能有退路可走，这就是智者的"安居"之道。所谓"凡事预则立，不预则废"。

忍耐之道

人要在社会上有所作为，必须具备许多的条件，例如高深的学问、恢弘的志气、宽阔的心胸、忍耐的修养等，这些都是艰难人生旅途中最大的助力。其中忍耐更是不可少的修养，忍耐并不是退缩，而是用平常心去对待人间一些不平的境界。忍耐之道有四点说明：

第一，忍一句，祸根从此无生处

谚云："天燥有雨，人燥有祸，"人在生气嗔怒的时候，往往容易失去理智而闯祸。如何不生气？除了懂得排解之外，要忍，先忍之于口，再忍之于面，进而忍之于心。忍耐可以激发心中的力量，有力量自然就不会烦恼、不会动心、不会起嗔。所谓"忍一口气，风平浪静"。反之，"小不忍，则乱大谋"。所以"能忍自安"，忍一句，自然祸根从此无生处。

第二，饶一句，切莫与人争强弱

做人"得理而能饶人，是谓厚道，厚道则路宽；无理而又损人，是谓霸道，霸道则路窄"。有的人好在言语上跟人争强斗胜，常常得理不饶人，一句话，非要把人打倒不可。其实"人情留一线，日后好相见”，尽管别人有种种的对不起我，饶他一下，放他一马，或许日后你会有需要他帮忙的时候，所以，原谅别人，就是自留余地，切莫与人争强胜，强胜也不一定是在语言上分高下。

第三，耐一时，火坑变成白莲池

山有崎岖，海有浪涛，人间不如意事十常八九，要想成功立业，不能要求凡事顺遂。所谓“不经一番寒彻骨，焉得梅花扑鼻香；直饶热得人流汗，荷池莲蕊也芬芳”。能够经得起逆境挫折，坚持到底的人，才能成功，就如荷花在越是炎热的气候，开得越是清香。所以，做人要经得起寒天冰雪，酷暑炎热也要耐得住。

第四，退一步，便是人间修行路

农民插秧，一定要一步一步向后退，才能把一田的青秧插满。我们在人间修行、做事，也要懂得退一步的哲学，所谓“进步哪有退步高”，有时候退一步想，海阔天空。能够退一步，回头是岸；能够退一步，懂得回头，不一定要等到碰壁，撞得鼻青脸肿了，才来后悔，那就是人间修行的道路。

人都有顺境与逆境，顺境时要淡，逆境时要忍，只要忍得过，再怎么不顺遂的事都会过去。所以，一个人如果怀抱理想，想要创造自己的前途，一定要学习忍耐，如此才能达到目标。

应世之道

有一则笑话是，猫捉老鼠，老鼠机警，躲进洞里迟迟不出来。猫于是学狗叫，老鼠一听，心想，猫铁定被狗吓跑了。于是从容地走出洞外，却被猫逮个正着。老鼠不服气，问："我刚才明明听到狗叫，为什么你还在这里？"猫得意地说："这年头想要混口饭吃，不学第二种语言行吗？"人要生存，就不能不具备一些生存的条件，也就是要有应世的方法。

关于应世之道，有四点意见：

第一，忍耐是修行的力量

世间最大的力量是忍耐，忍耐不是吃亏、不是无能，而是面对讥讽毁谤能用质直的心释怀。在忍耐的世界里，没有嗔恨，没有嫉妒，只有和平与包容。忍耐是做人处事的无上法宝，大地因为能忍受众人的践踏，所以能承载一切。忍耐的大地最为厚实，做人要如大地一般，能有忍耐承载的修养，才有力量应世。

第二，包容是做人的修养

虚空因为包容万有，所以才能成其大；做人要有包容别人的雅量，才会受人尊敬。包容是做人的修养，一个人如果对别人的过错斤斤计较，对别人的错失一点也不肯体谅、包容，甚至反过来需要别人包容你，就显示自己渺小。例如一个茶杯只能容纳 500 毫升的水，一个茶壶则能容纳 2 000 毫升的水；一间 330 平方米的房子只能容 300 人，1 650 平方米的房子则能容 2 000 人。所以，一个人的心量有多大，能够包容多少，他的成就就有多大。

第三，柔和是处事的良方

处事之道，在于柔和，柔能克刚，至柔的水能够穿透至刚的岩石，所以做人能以柔和安忍来处事，再艰难的事都能迎刃而解。现在流行管理学，管理的妙诀，在于将自己的一颗心先管理好，能够将自己的心管理得慈悲柔和，将自己的心管理得人我一如，这就是最高的管理学。

第四，感恩是惜福的资粮

做人要有感恩的美德，懂得感恩的人，他会珍惜自己所拥有的一切，进而付出、回馈别人，所谓"滴水之恩，当涌泉相报"，因此感恩是人生的财富，懂得感恩的人生最富有。一个人能将自己的身、口、意管理好，不起烦恼，不与人斗争，这是待人处事最好的妙方。所谓"常乐柔和忍辱法，安住慈悲喜舍中"，这就是应世之道。

自立之道

做人"求人不如求己"，所谓"念观音、求观音，不如自己做观音"，所以做人要自力更生，能自立而后才能立人。自立之道，有四点：

第一，自省而后会自觉

苏格拉底说："没有经过反省的生命，是不值得活下去的。"人要懂得自我反省，如曾子说，"每日三省吾身"，经过自我反省、自我观照，才能看到自己的心，看到自己的行为，看到自己的个性，甚至看到自己脾气很大、贪欲心很多、嫉妒心很强等缺点。所以能自省才能发现良知，才能自我觉醒。

第二，自觉而后有自信

人有了自我觉悟以后，才能把不好的行为改正，例如把贪欲心改成喜舍心，把嗔恨心改成慈悲心，把懒惰懈怠改成精进努力，把愚痴邪见改成明理正见。一个人经过自我修正行为以后，过去没有人缘的，会越来越受人欢迎，过去没有承担力的，会愈来愈有责任感。有了责任感才能恪尽职责，才能有担当；一个勇于担当的人，自然会是一个有自信的人，所以自觉而后有自信。

第三,自信而后可自强

自信可以决定理想人生的目标,人有了自信心就有力量决定自己人生的方向,就能策划自己的前途,就能主宰自己的命运,就能做自己的主人。一个人能随时充实自己,自然拥有自信,有了自信,并且尽全力于工作上,这样的人十之八九会成功。反之,一个人缺乏自尊自信,人生就会瘫痪。

第四,自强而后能自立

为人当自强,所谓"天行健,君子以自强不息",又说"将相本无种,男儿当自强"。懂得自己奋发图强、努力向上的人,才能自立。能够自立自强,那就是一个健全的人生。

人要在世间上保有生存的空间,不外自主、自立、自强,人唯有靠自己才是稳当之道。

根本之道

树有根，水有源。树木的根本厚实，树木才能长得高、长得大；流水有泉源，流水才能流得远、流得长。做人要注重根本之道，才能安身立命于天地之间。做人的根本之道有四点：

第一，知礼义是做人之本

做人要重礼节，讲义气，这是做人的根本，也是人跟猪马牛羊等畜生不一样的地方。猪马牛羊，三餐饱食之外，别无所求，可是人在衣食住行以外，所谓"万物之灵"，人有性灵、精神层次的生活，懂得建构一个有秩序、有伦理、有良知、有道义的社会，所以一旦失去礼义，就不像一个人，就不成其为人类社会。

第二，识大体是处世之本

做人要识大体，所谓识大体，就是懂得顾念别人、顾念大众、顾念社会、顾念国家，因为国家、社会、大众就是我们的大体。一个人如果凡事只想到自己，只知照顾自己的利益，置国家社会的利害于不顾，就是不识大体；能够顾念到大众群体的需要，这才是识大体的人。识大体，才能在社会上立足，所以识大体是处世之本。

第三，守法度是自由之本

人和人之间，必须有一个共同遵守的规约，才不会互相侵犯。例如国家的法律，团体的公约，学校的校规等，都有制约的作用。有了法度的规范，彼此各安其分，社会才能井然运作，个人的自由才能受到保障。尤其佛教的五戒：不杀生、不偷盗、不邪淫、不妄语、不饮酒（不吸毒），就是不侵犯别人的生命、财产、名誉、信用、智慧，所以守五戒是做人的根本，不能持守五戒，即表示人道有亏。守戒就是守法，这是人我相处之本。

第四，辨是非是明心之本

世间的是非、好坏、善恶很多，也很难有一个确切的标准，所以我们不要用自己的认知来批判别人、要求别人。但是没有标准并非要我们不明是非，我们心中对是非善恶，还是要有一个自己的标准，要有所认知，要清楚明白，也就是要明理而不惑。明理可以判断是非，不惑可以分别善恶；能够辨别是非，才能明心不昧。

《大学》说："物有本末，事有终始，知所先后，则近道矣！"做人要懂得根本之道，则庶几有道矣！

领众之道

在社会上工作，不是被人领导，就是领导别人。不管是领导人还是被人领导，都必须具备才华、能力。尤其，身为领导者，在思想、风格、处事、修行各方面都要有相当的能力，才有资格领导别人。领众是一门很大的学问，领众之道有四点：

第一，要知人才能善任

知人善任是领众的第一要诀，知人才能适才适用，知人才能人尽其才。例如主管要先了解下属的长处、缺点，知道下属的兴趣爱好，所安排给他的工作，要让他能发挥所长，让他做出趣味来，他必然全心投入。甚至知道下属的家庭背景，知道他的需要、苦处，适时给他协助、鼓励，他必然心存感恩，同时也才能心无旁骛地尽心工作。所以，用人第一要先知人，知人才能善任。

第二，要育人才会继承

一个团体要永续经营，培育人才是不可少的，因此现在很多公司团体，都有在职进修的办法，让员工短期出国参学、深造等。许多大企业家的董事长，甚至国家的领导人，平时也都积极培养接班人；懂得育人，事业才有人继承。

第三，要用人才得助缘

独木难成林，一个人的能力再大，终究有限，集合众人的力量，才能集思广益。所以一个有智慧的领导人，一定要授权，要给下属充分发挥的空间，而且要有"用人不疑，疑人不用"的智慧与心量。你能充分授权，让下属觉得被信任，被重视，他就会尽心尽力地奉献，所以要会用人，才能获得助缘。

第四，要留人才有余地

有时候属下有意求去，主管要去了解原因，是人事不和？还是待遇太少？抑或是工作没有发挥的空间？你要针对问题加以解决，要设法留人，让属下觉得留下来有前途、有希望。有时候虽然不一定能留得住人，但是让对方知道你的诚意，知道你对他的重视，所谓"买卖不成人情在"，日后也许他又会成为你意想不到的助缘，所以懂得留人才有余地。

能让团体运转的有两种人，一是领导人，二是被人领导。如果以刀锋的锐钝来比喻一个人的领众能力，强势的人，刀锋锐利，但容易伤人；和众的人，刀锋是钝了点，但经久耐用且不伤人。所以身为领导者，要具备宽宏的胸怀与平等的精神。此外，"知人、育人、用人、留人"是身为领导者必备的才能，知人首重目标一致，育人则要懂得教导部属，用人要公平合理，留人要使之有前途。

修行之道

　　学佛是一种思想、一种信念，不是一句话而已，而是一种修行。修行并不是表相上的苦乐荣衰，而是在真参实学中，显发自性的光芒；在志行坚固中，流露悲愿的力量。修行之道很多，提供四点参考：

第一，见人善行多赞美

　　语言是人际沟通的重要工具，运用不当时却是伤人的武器，因此，学习说好话，以随喜赞叹来给人欢喜，也是一种修行。例如我们看到别人做了一件好事，要给他赞美；我们知道某人是好人，要给他歌颂，所以佛教有一个随喜功德的法门，我们要有一种随缘赞美的性格，这就是待人修己的第一修行。

第二，见人困惑指迷津

　　学佛并不一定要入山修行或施舍钱财，有时一句好话、一件善事、一个微笑，都能给我们的人生广结善缘，成就大好功德。例如看到有人一时愚痴、一时迷惑、一时想不开，我们要多方提醒他、开导他、鼓励他。不能见到人家迷惑，就不喜欢他、放弃他。学佛要有不舍任何一个众生的悲心，所以，见人困惑给他指点迷津，这是待人修己的第二重要修行。

第三，闻人称誉更奋勉

称、讥、毁、誉、利、衰、苦、乐，佛教称之为"八风"，也就是八种煽动人心的境界。做人被人毁谤固然应该自我反省，如果别人称赞我们，也要虚心检讨自己是否实至名归，所以不但要心存感谢，甚至要心怀惭愧，觉得自己还不足、自己还不能、自己还不够，因而更加地奋发、勤勉，如此才能受之无愧。

第四，闻人谤语要警惕

俗语说："誉之所至，谤亦随之。"世间的好坏没有一定的标准，以伟人为例，有人奉为神明，有人视作魔鬼。甚至一个平凡的人，有人赞美、欣赏，也会有人批评、毁谤。被人毁谤，也不必生气，你把对方的批评毁谤当成是给自己的一个警惕，是给自己忏悔、消灾的机会，能够如此转念一想，就是最好的修行。

"修"是实践，有修的人生才会圆满，才会增加我们的福德因缘。修行非口号、形式，而是要将佛法运用到生活里，修行在生活中。

能用慈悲的语言度人、用慈悲的眼光待人、用慈悲的面孔对人、用慈悲的双手助人、用慈悲的心祝福人，生活中有佛法，才叫作修行！

领导人之道

在一个家庭里，有家长领导子女眷属；在乡村里，有村长领导村民；在公司里，有老板领导员工；在政府机关里，也有首长来领导民众。领导是一个国家社会安定的重要之道，中国人有所谓"宁为鸡首，不为牛后"，就是说明人性里大都不喜欢被人领导，而希望领导别人。做一个领导人，要具备领导人的气质，还要懂得领导之道，有四点：

第一，做一个领导人，要能讲能做

"上有好者，下必有甚焉者矣"！作为一个领导人，要能说得到做得到，如果领导者只知要求下属，自己却与所言相违背，则下位者必不服之。再者，如果领导者的操守不良，下位者必投其所好，甚至依循而行，所以，领袖必须要以德行来服人，而且要以身教服众。

孔子说："其身正，不令而行；其身不正，虽令不从。"领导者要率先为属下作模范，且要言出必行，如此无须颁布法令，属下也能努力于岗位上。

第二，做一个领导人，要无怨无悔

做一个领导人，要有高瞻远瞩，要有乐观豁达的心胸，而且要有不怕困难的坚忍气度，要有全心付出的无悔态度。孙中山云："危难非所顾，威力非所思。"所以，一个领导者，要能无惧辛劳，要能"甘为春蚕吐丝尽"地努力付出，且认真负责，不怨天尤人，如此在下位者必能同心齐力于领导者。

第三，做一个领导人，要有慈有智

身为一位领导者，除了要把公家赋予我们的责任确实执行外，还要有评估周围情势变化的能力，以及决策谋划与处理危机的智慧。除此之外，面对下属的问题，要以慈悲心来协助他们处理；能将部属的事当作自己的事来关心解决，如此部属才能安心于职场，效忠于领导。所以一个领导人，要有慈有智。

第四，做一个领导人，要不私不傲

成为一个领导者，不可以存有私心，不能凭个人的好恶而对属下有不公的赏罚。更不能假公济私，将公器私用；应该要明是非、知荣辱，要有刚正不阿、不倨不傲、功成不居、遇事承担的勇气，如此才能让属下尊敬，所制定出来的领导方针才能让众人全力以赴。所以，做一个领导人，要不私不傲。

能让团体运转的有两种人，一是领导人，二是被人领导的人。本身无能力又不肯接受别人领导的人，是团体进步的绊脚石。所以，做人要乐于被人领导，也要懂得领导别人。

观人之道

在我们身边有很多的人，其中不乏好人、坏人、善人、恶人、君子、小人，可以说什么人都有。但是我们一时看不出那一个人究竟是属于哪一种人，必须要有一些因缘、境界，才能观察得出其人的操守、精神、度量、心境。所以，观人之道有四点：

第一，利害时可观其操守

利害当前，最容易看得出一个人的操守如何。有的人只问是非，不计利害，只要是对的，是应该做的，则不管利害得失，他都义无反顾，这种人最有操守。有的人不问是非，只讲利害，只要与我有利，不计是非好坏，甚至别人受害，他也无暇顾及，这种人是十足的卑鄙小人。所以，在利害之前，最能看出一个人的操守。

第二，饥疲时可观其精神

这个人有耐力吗？他勇敢吗？他奋斗的精神力如何？他的力量究竟有多少？平常看不出来，在他饥饿疲倦的时候，你就可以一览无余。有的人稍微饿上一餐，稍微疲累一点，他就像泄气的皮球，完全提不起劲头工作。有的人虽然饥饿了，他还是力图振作，务必要把工作完成；虽然是疲倦了，他为了成就一件事情，仍然不

惜一切辛苦，不达目的誓不休。所以，饥疲时可以看出一个人的精
神力与意志力。

第三，喜怒时可观其度量

一个人的度量大小，平时不容易看得出来，不过当他欢喜或是
生气的时候，自然显现在外。有的人欢喜的时候，他可以接受别人
的建议，甚至批评指教；但是，一旦生气的时候，即使再好的朋友，
给予再好的忠言，他都觉得刺耳。有的人欢喜的时候，可以与朋友
共享一切成就，但是一旦生气翻脸了，则任何一点好处也不肯给人
占便宜。所以，一个人的度量大小，在喜、怒、哀、乐的时候，最容易
看得出真实的面目。

第四，恐怖时可观其心境

人在遇到惊慌恐怖的时候，他的镇静力如何，可以看出其人的
心境。有内在涵养的人，能看透世情的人，面临生死危急之境，他
也能冷静面对，淡然处之。例如道树禅师与外道斗法，任凭外道以
法术变成缺手缺脚，甚至无头无脸的鬼怪来吓他，他都无动于衷。
他以无对有，他豁达无惧，他的心境里没有这一切的鬼怪，所以，再
恐怖的景象，他也能不为所动。因此，恐怖时可看出一个人的
心境。

人生的阅历，要从观人观事里获得；人生的道德修养，则要在
反观诸己的功夫上增加，所以观人之余，更要观己。在《孟子》一书
里，孟子问齐宣王曰："吾力足以举百钧，而不足以举一羽；明足以
察秋毫之末，而不见舆薪?"可见"观人"容易"观己"难。

相成之道

每一个人的性格、能力，都有各自的特质与专长，甚至各有所长，也各有所短。懂得藏拙而不自暴其短，进而发挥自己有别于他人的特色，就能取长补短，出奇制胜，发挥相成的效果，而让自己在团体中有杰出的表现。所以，人要懂得相成之道，有四点意见：

第一，人拙心要巧

有的人外表看起来一副木讷、笨拙的样子，但即使真的笨拙也不要紧，只要心灵慧巧就好。比起有的人喜欢卖弄小聪明，反而让人看出他的肤浅、不实，这种人其实不名之为巧，而是拙。因为他浮而不实，反而被人看轻，让人瞧不起。所以，人的巧与拙，不一定从行为、能力上表现，重要的是心里要有智慧，要有慈悲、善良，尤其懂得善解人意，这才是真正的慧巧。

第二，人圆心要方

做人要懂得圆融，要面面俱到；如果一味地圆滑，没有是非、善恶，任人摆布，也是不对。佛教讲"随缘不变，不变随缘"，就是告诉我们，在真理之前要有不变的原则，但在人情世故上，不妨也要有随缘的个性。所以，做人做事方法要圆融，但心中不能没有原则；

也就是说，大原则应该坚持，小地方则可以方便权宜行事，这就是"人圆心方"。

第三，人弱心要强

有的人个性柔弱，凡事不跟人争，遇事也总喜欢息事宁人，不和人计较。但是这样的人并不表示他没有用，也并非怕事，反而有很多外柔内刚的人，表面看起来是软弱了一点，但是他的心里很有原则、很有分寸，一旦他认定该怎么做，他就很坚持。这种"人弱心强"的人，他的心不容易受人动摇，这才是真正的坚强，才是真正强而有力的人。

第四，人愚心要明

有的人看起很愚笨、很鲁直，但其实他的心里对于是非、好坏、善恶、得失，他都看得清清楚楚、明明白白，一点也不含糊。这种人深藏不露，其实才是真正的智者，也正是所谓的"大智若愚""大巧若拙"，所以，做人"心明"最要紧。

人都希望做好人，好人怎么做法？有时候里外要有一点分别，不一定把智谋的一面强烈表现在外，也不必把执着的个性显露出来，能够"外拙内巧、外圆内方、外弱内强、外愚内明"，更能在人际之间任运悠游，此即懂得相成之道。

四用之道

一个人要会用钱，还要会用人，更要会用理；会用才是一个能干的人。如果不会用人，必然不是一个好主管；不会用钱，事业一定难以开展；不会用理，必定是一个没有人缘的人。所以不管走到哪里，都要会善用各种因缘条件与资源，才能有所成就。以下四用之道，提供参考：

第一，用兵择其勇

一个将军，要用很多的兵卒帮他打仗，而且要择其勇敢、有胆识的人，才有胜算。同样的，每一个公司行业，也要善用能担当、具宏观、有远见的部属，才能在竞争的社会里一较长短。陆宣公云："将立其事，先择其人"；一个领导者，要有识人的能力，能够选择勇于创新、乐于开拓、具有智慧与分析、判断能力的人才，对企业的运营才有助益。

第二，用人择其才

韩愈的《马说》写道："世有伯乐，然后有千里马；千里马常有，而伯乐不常有。"寓意择才任用的重要。不过，一个领导者，除了择才外，还要能善用部属的专才，这是选才、用才之道。美国"钢铁大王"卡内基说过："将我所有的工厂、资金全部夺去，只要保留我的团队人员，四年后，我仍然是一个钢铁大王。"由此可知择才善用的重要。

第三，用理择其道

孔子说："知之者不如好之者，好之者不如乐之者。"明白道理的人，比不上爱好道理的人；爱好道理的人，比不上乐于实行道理的人。我们在跟人讲理时，理中必须要有道，理中没有道，就是歪理、邪理、不合情理，如此就是无理、无道。"道"就是要合情、合理，要与人为善，要互相尊重，如此才能让人接受。

第四，用钱择其德

"有钱是福报，会用钱是智慧。"有钱要会使用，钱用得正当，就如把种子播洒在好的田地里，一定会有开花结果的一天；钱用不得当，则如同将种子洒在柏油路上，种子必会枯死。所以，布施钱财，应该选择品德忠淳、有学习能力的对象，如此才能为社会培育人才。

俗语说："举贤不避亲"，只要是才，都要知人善用。除此之外，自己也要知道如何善用自己的才，尤其先要具备各种的才能，如此才能为人所用。

四好之道

每个人都希望自己身体好、学问好、名誉好，希望自己所具备的条件都能让人称赞。但是，好有好的因果，坏也有坏的缘由，现在我们来谈谈四好之道，有哪四好呢？

第一，若要身体好，饮食要吃少

过去的人认为身体要健康、要有充足的营养，一定要吃得多、吃得好；现在人却说："若要身体好，饮食要吃少。"在《阿含经》也说："若过分饱食，则气急身满，百脉不调，使心壅塞，坐卧无安。"佛世时，波斯匿王因为贪着饮食而过于肥胖，导致呼吸困难，因此请示佛陀如何减肥。现代的医学也证明，吃得太好、吃得过多，会营养过剩，反而带来疾病；过度饮食既然有如此多的隐患，我们自然应该要多加注意，予以节制。

第二，若要人缘好，诚恳莫骄傲

每个人都希望自己的人缘好，不论到哪里都能受到大众的欢迎，受到众人的喜爱。甚至不论做什么事情，都能受到众人的协助。这样的好人缘，并不是凭空而有的。诸葛亮说："不傲才以骄人，不以宠而作威。"如果你平时待人诚恳，经常服务他人、关心他人，而且谦虚有礼，不骄傲、讲信用、有情义，如此你的人缘必定会很好。

第三，若要家庭好，关怀最重要

家庭里的每个成员，都希望我的家庭和乐美满、我的家人父慈子孝。如何才能建立美满的家庭呢？若要家庭成员相亲相爱，彼此要有良好的互动关系，也就是要互相体贴、互相扶持、互相尊重、互相包容、互相关怀。关怀可以让儿童在爱的环境中成长，关怀可以让老者在爱的家庭中找到安宁，关怀也是夫妻之间相互扶持的良方。所以，要有美满的家庭，关怀最重要。

第四，若要事业好，勤劳来创造

创造事业，要靠平常的勤劳耕耘。爱因斯坦说："在天才和勤奋之间，我毫不迟疑地选择勤奋，因为它是世界上一切成就的催生婆。"由此可知，勤劳才能创造一切，勤劳是改造社会的动力。涓滴之水，竟能将大石磨损，这不是来自它强大的力量，而是昼夜不停地滴坠。"大地藏无尽，勤劳资有生"。因循怠惰的人，把希望寄托在缥缈的未来；勤劳奋发的人，则是将成功的未来掌舵于股掌之间。

四好之道是提升生活质量的方法，除此之外，平时若能进一步地去关心他人、服务社会、奉献人群，如此不但能组织美好的家庭，更能建立安和的社会。

涵养之道

人要有涵养，有涵养的人才能得到人家的尊敬，所以受教育、求知识、广见闻，都是为了让人有涵养。有涵养的人讲道理，讲礼仪，讲尊重，讲恭敬，讲谦虚，凡一举手、一投足，都能见出他的修为与教养。至于如何才能有涵养，有四点意见提供参考：

第一，水深可以行船

人有多少内在涵养，可以用语言试探；水有多少深度，可以用竹竿测得。水深才能行船，全世界的军港、商港，都有它一定的深度标准，才能供军舰、商船停靠。深山才能长丛林，水深才能养大鱼。假如我们的涵养能像水一样深，就能让各种朋友聚集来投靠我们；假如我们有涵养，一言一行，一举手、一投足，都能表达深度，就能得到别人的尊敬。

第二，波静可以清明

水本来平静无波，平静的水遇到石块，就会激起浪花，平静的水遇到起风，就会掀起波浪。做人，也像水一样，遇到了阻碍，自己就不能理智清明；遇到了外境，无明的业风一吹，就不能自主。在风平浪静的时候，我们可以看到倒影，但当心湖里有了波浪，就不能看到自己本来的面目。所以，一个人的涵养，要能经得起障碍、诱惑、挑动等任何外境的干扰，都能不为所动，那么我们就能像一湖清水一样，所谓"风平浪静"，理智自然清明，自然不会心随境转了。

第三，淡泊可以宁静

有的人生活在动乱里，偶尔静下来反而不自在；有的人喜欢繁荣，他不觉得淡泊可贵。其实，淡泊可以使人宁静，宁静也可以使人淡泊。当我们懂得淡泊的生活，那才真正拥有了人生；当一个人能够享受宁静的时刻，才能知道生活的情趣。人生如果淡泊生活，则没有人嫉妒；人生如能宁静过日子，则没有人讨厌。所以，淡泊宁静，才能通达人生的意义，生活才能有秩序、有条理地安住身心。禅门里所谓"大海之水，只取一瓢饮"，五光十色的世间，五欲六尘的诱惑，只要我自觉心安，有此涵养，那不就是最美的人生吗？

第四，琢磨可以成器

"玉不琢不成器，人不学不知义"，我们的涵养，也不是一日可以达成，也要经得起生活的折磨与岁月的考验。所谓"白玉须经妙手磨，黄金还得洪炉炼"，不能经过苦难的考验，不能经过千生万死、万死千生的历练，哪里能有成功的希望呢？所以真正的涵养，不是轻心慢心，不是从游玩消遣中，就能锻炼成功，必须要有信心毅力，大死一番，才能成功。

所以，涵养我们生命修为的价值，是做人处世的方法。

培植之道

"十年树木，百年树人"，古今中外，对人才的培植，莫不同等重视。战国时候齐国孟尝君好养贤士，食客数千人，就是以培植之道来造就人才。但是何为培植之道呢？有四点意见：

第一，植树要培其根

树高千丈不离根，如果根部腐烂了，养分无法吸收，就不可能有花繁叶茂的果，所以，浇灌树木的枝叶，不如从根部好好培植，不可因其隐于地下而忽视；只要根不坏，荒地也能开花。植物的根，好比佛教常讲的"因"；在世间上，一切都是由根本发展出来的，所以做人要立定脚跟，解决问题要探究根本，生命也要追溯本源。有根，才能开花结果；无根，就如浮萍，难以安身立命。

第二，植德要培其心

佛经云："不识本心，学法无益。"心如水之源，源清则流清，所以，古代的仁人君子，都很重视心性的修养。心是一切行为的主宰，正如花开千层不离心，"六祖坛经"也说"一切福田不离心地"，心念好好善护，行为才能在正轨上发展，所以要培植道德之花，必定要从心灵上着手，出言吐语才会芬芳远播。

第三，植量要培其广

常言说"宰相肚里能撑船"，但是有的人却"拔一毛而利天下，吾不为也"。其实，"与众分食"才是滋味无穷。《老子》譬喻"上善若水，水善利万物而不争"。就是一种心量；而佛菩萨也有"心如虚空，量周沙界"的宽宏，正因为心里有无量的众生，才得以圆满成就菩萨道。所以，稻穗、花海广大成片，才能令人赏心悦月；人的生命经验要传承，也要有教人的胸怀雅量，才能广被天下。

第四，植福要培其劳

一个人的福德因缘，不是上天平白赐予，也不是父母师长爱护就能成就。华丽之屋起于一砖，锦绣之衣织于一缕，成就必须靠自己，所谓自己种自己收。植福就像开发田地一样，需要胼手胝足、辛勤耕耘，才有收成；唯有经过自己努力付出，才能体会、珍惜。

国家的文化要优良、社会的制度要健全，都需要用心培植；甚至现代医学研究发现，基因是可以通过培植而改变的。凡事只要我们肯用心培植，未来就有无可限量的希望。

养气之道

孟子说："吾善养吾浩然之气。"养气，是人生重大的修养；人有浩然之气，然后才能谈到养心、养性。所以，对于养气之道，有四点意见：

第一，少思虑，以养中气

有时候我们讲话中气不足、唱歌中气不足，为什么中气不足？所谓"思多伤神，话多伤气"，由于思虑太多，过分劳心费神，影响身体健康。所以，讲话固然不能逞一时之快，应该再三思虑，才不会失言；但对于不必要的事也无须思虑太多，才能养足自己的中气。

第二，减欲望，以养骨气

我们评论一个人，常说：那个人很有骨气，或说：某某人没有骨气。为什么没有骨气？贪心重、欲望多，一天到晚只想别人给我，或是为了得到自己想要的东西，常常不择手段。其实有骨气的人，非分之财不要，非分的言论不说，非分的事情不做，一心只想维护自己的骨气。

第三，多经历，以养胆气

一个人如果经历丰富，所做的事情多，所见识的场面广，自然胆气就壮。例如有的人不敢在人前、人多的场合讲话,但只要多经历几次以后,自然不再怯场,不但任何场合都敢讲话,甚至乐此不疲,所以经历可以养成胆气。

第四,顺时令,以养元气

大自然的时序有春、夏、秋、冬四季,春天有春天的景色、夏天有夏天的风光、秋天有秋天的景致、冬天有冬天的特色。在春、夏、秋、冬四时的生活里,炎热的时候要注意身体,避免中暑;寒冷的时候,也要懂得保健,不能着凉。所以,在时节气候的变化里,要保护好自己的元气。

处世之道

人生处世，离不开人；如何处世，才能事事顺利，必先了解人性，懂得处人之道，则处世不难矣！处世之道，有四点：

第一，以言语讥人，取祸之大端

一个有道德的人跟人讲话，绝不会用语言去讥讽别人；以语言讥人，就如《四十二章经》说，一个人恶言恶语骂人，人家不肯接受，就等于送礼给人，对方不肯接受，只有自己收回来。妄语恶口的话，犹如"仰天而唾，唾不至天，还堕其面"；恶口讥讽人，犹如"逆风扬尘，尘不至彼，还坌己身"。所以，讥讽恶口，这是自取其祸之端，应该戒之为要。

第二，以度量容人，集福之要领

一个人待人宽宏大量，不计别人的小过失，这是厚道之人，必得人望，自然不会得罪于人而能远祸；人生无祸便是福，所以以度量容人，这是集福的要领。平常我们总想求得福报，福报从哪里来？就是不要跟人斤斤计较，甚至被人责骂，一点也不怨怪，不计较，如此福报不招自来。

第三，以势力折人，招尤之未远

有的人位高权重，习惯用势力去折服别人，用势力去压倒别人，用势力去打击别人。不要以为这样就是胜利，其实是"招尤之未远"；有朝一日，自己一旦失势，别人必定会找机会报复。所以，以势力折人，必定招致未来不幸的后果，不可不慎。

第四，以道德化人，得誉之流长

我们不管跟任何人相处，道德为本。说话，要说有道德的话；做事，要做有道德的事；跟人合资经商，合伙事业，要把道德摆在前面，如此不但能远离过失，日久必定善名美誉，源远流长。

获得之道

小孩希望获得糖果,农民希望获得丰收;学生最渴望的是获得鼓励,歌手最期待的是获得掌声;情人希望获得专一肯定,行者希望获得悟道安心。可以说,每一个人都想有所获得。但是,"获得"不会从天上掉下来,"获得"也不是冀望别人给我,获得之道,有四点如下:

第一,由事业而获得金钱

现代的社会,经济重于一切,一般人如果没有金钱财富,生活中"柴米油盐酱醋茶"开门七件事,也会变得十分拮据,甚至想发心做一点善行好事,也需要有资粮。《佛光菜根谭》说:"布施如播种,播种善缘,才能收成。"想要发财富足也是一样,哪里能凭空获得?必须从事事业生产,唯有不断地努力工作,才能获得!

第二,由学习而获得知识

智慧是人生的导航,汲取知识则是智慧的开始。现代管理大师梭罗也有一句话:"全球化时代,知识是成功的关键,勇敢是成功的心态。"知识是人类的动力来源,是进步的基础;但是知识不是道听途说、人云亦云,它是从学习获得,从思考提升。知识如同金钱,金钱由一分一角慢慢聚集，知识也是由点点滴滴慢慢增长，只要不断学习，就能不断获得知识。

第三，由失败而获得经验

大部分的人都害怕失败，因为失败让人丧失自信，失败令人感到挫折。其实失败不可怕，绝望才可叹，失败了可以再来，绝望则没有未来。失败不是绝对的坏事，一个有为的人不怕失败，他会从失败里吸取经验，成为智慧，未来就有成功的时候，所以说"失败为成功之母"。

第四，由发心而获得功德

肯定自己最大的力量就是发心，它可以庄严自己，可以开发潜能。发心走路，路可以走得很远；发心吃饭，饭可以吃得很饱；发心睡觉，觉就会睡得香甜；发心做事，事情就会成功。无论做什么事，只要发心，就有力量。经典说："恶尽曰功，善满称德。"功德就是从发心中成就、增长。

"山穷水尽疑无路"，坚持后的获得是"柳暗花明又一村"；"芒鞋踏破岭头云"，辛苦后的获得是"春在枝头已十分"。农民春耕夏耘，见到秋收粒粒，他会说："没有流汗的播种，怎有欢笑的收获？"道人参访行脚，心中有所得时，他也会说："不负草鞋钱。"聪明的人，行走在这人生的旅途上，你想要获得什么，就要怎么付出。

和谐之道

世界上什么最重要、最宝贵？和平！人与人之间、人与社会之间、人与大自然之间，什么最重要、最宝贵？和谐。谈到和谐之道，有四点看法：

第一，柔美的音乐使人和谐

音乐能表达感情、思想，有移风易俗的功能；音乐的摄受力，感人肺腑，动人心弦，是人类最美丽的表达方式。尤其音乐没有国界，一首旋律优美的乐章，不管是哪一个国家的音乐，听了都觉得好美。人与人之间，彼此可以不懂得对方的语言，但我懂得韵律，透过柔美的音乐，可以促进情感的交流，让人际之间、种族之间、国家之间，达到一种和谐。

第二，森林的鸟鸣使人悠远

虫鸣鸟叫，这是大自然带给人类的天然资源之一，平时经常亲近大自然，可以陶冶性情。例如，在茂密的森林里聆听鸟叫，这是人生一大乐事；鸟鸣让人心情悠远、旷达，不会为了人间的芝麻小事而计较、争斗，甚至伤了和气，这是多么划不来呢。

第三，清雅的馨香使人怡然

"室雅何须大，花香不在多"。整洁雅致的房间，点上一炉清香，让人感到无比愉悦；没事到公园里散步，迎着清香扑鼻的花香，让人怡然自得。世间上还有什么比芬芳的馨香更美好的呢！

第四，无声的沉寂使人安适

每个人在一天当中，有属于大众相处的时间，也要有几分钟独自静处的时间，乃至在一个礼拜当中，也要有几个小时属于自己安静的时间。所谓"宁静致远"，沉寂无声的境界，让人心情安适，让人感到无比舒畅。

所谓"耳中清净和谐多"。一首歌，配乐和谐才会动听；在团体里与人相处，能和才能和气、和平、和好、和悦、和顺、和祥、和谐、和衷共济、和气生财。

厚实之道

土厚，能承受；地实，能载物。做人处世要厚实，乃至社会命脉，国家力量也要厚实。荀子在《富国》中说："仁厚足以安之，德音足以化之。"在佛门里，历来的祖师大德，也莫不经过养深积厚的踏实功夫，才能成就道业，如普愿禅师在南泉山挑水煮饭30年，慧忠国师在党子谷扫地40年。他们尚且需要如此培植福德因缘，一般人如何能不自我充实呢？关于厚实之道，有四点看法：

第一，羽毛不丰，不可高飞

古人言："毛羽不丰满者，不可以高飞。"一个人的能力还不够充实时，应先自我评量是否能堪受大责，否则难免被讥为"螳臂挡车"，自不量力。不过话虽如此，有的人大器晚成，虽不必急于表现，也不能泄气，只要耐得住沉潜的功夫，禁得起时间的磨炼，就会有大鹏展翅、一飞冲天的一天。

第二，法令不善，不可妄为

法令，可以给人保障，可以给人依循，依着法令行事，诸事可以推广，庠序而有则。但是法令的制定，也要再三斟酌，考量大众所需，才能完善。战国时代，商鞅说服秦王推行新法，却因用法过于严苛，树敌众多，最后自毙于自订之法；宋神宗时，王安石致力改革时弊，锐行《青苗法》，却因反对者众多，一片好心付诸东流。因此，当一个法令、办法、规则的制定，还不能完善成熟，尚未获得普遍认同时，就不能轻易妄行，否则一定不为大家所接受。

第三，道德不深，不可表态

德是已得正道而无失，道是指已得之德而能利及于他人；道德皆具全，是人类最珍贵的质量。平时与朋友相交，如果自己没有真实的道德修养，轻易自暴浅薄，朋友也不会掏心与我们交往。同样的，在一个机关里，如果没有人格道德，大家也不见得肯听我们的话，就算与人接触，别人也不会信任于我。所以，"交浅言深"，君子所戒。

第四，学能不具，不可任事

"只要功夫深，铁杵磨成针"，一个人无论学什么、研究什么，都要深入；有深入的了解、研究，然后把计划、办法、理想提供出来，必定事半功倍。反之，当学问、能力尚未具全时，就不能操之过急，不可贸然担当大任。因为所学躐等，就会好高骛远，致使许多言行都像空中楼阁，不切实际，因之学能不具，不可任事。

树上果实尚未成熟，不可轻易采撷；母鸡孵蛋尚未孵熟，不可妄自一啄。万丈高楼起于平地，事业的成就也要一步一脚印地踏实走，才能平稳成长，所以我们不可不重视厚实之道。

成功之道

人生就像一场马拉松赛跑，要想获得成功，必须要有耐力坚持到最后。此外，如《佛光菜根谭》说："自学，是成功的动力；自律，是成功的条件；自信，是成功的方法；自尊，是成功的要素。"成功其实并不难，只要具备各种条件与因缘。关于成功之道，有四点看法：

第一，有专长必能立足社会

俗云："万贯家财，不如一技随身。"今天的社会，要想立足其中，必须要具备各种专长与技能。例如长于计算机、长于会计、长于策划、长于写作，甚至长于驾驶，总要有一个专长。今天的社会，讲究专才专用，没有专长，很难立足，所以每个人要想在社会上生存，应该学会维持生存的几种专长，这是很重要的。

第二，有希望必能勇往直前

人是活在希望里，有希望就有未来，有希望，人生才会活得踏实。登山者，翻山越岭，爬得汗流浃背，但是他的心中存着登顶的希望，所以不怕辛苦。人生的路上，尽管崎岖遥远，因为有希望，再远也不怕，所以有希望才能勇往直前。

第三，有勤劳必能不断进步

人都希望明日比今日更好，未来比现在更好。你希望未来更好，就要不断进步，能够不断进步的原因，就是要勤劳不息。古人说："勤能补拙"，做任何事情，只要能精勤力行，终有寸进。就像小水常流，则能穿石；钻木不懈，即能得火。凡事只要精进勤劳，就能不断进步，就能成功。

第四，有远见必能掌握先机

世事如同棋一局，有远见者胜；有远见的人，才能掌握先机，才能成功。

反之，人无"远见"，必然只有"浅见"，浅见的人生，他只看到自己，看不到大众；他只看到家庭，看不见整个社会；他只看得到眼前的小利，看不到宏观远大的未来，这种人做事格局小，成就自然有限。

成功人人欣羡，但是成功绝非凭空而降，成功有成功之道。

谦卑之道

人与人相处，最重要的就是要有谦卑的风度。一棵成熟的稻穗，头必定垂得很低；一个成熟的人，对人必定是谦卑的。西洋哲学家讲："宇宙有多高？宇宙只有五尺高！"六尺之躯的人类要在宇宙中生存，低一点头会更顺利，因此做人要懂得谦卑。关于谦卑之道，有四点：

第一，向尊长谦恭是本分

每一个人都有父母、师长、尊亲、长辈，对于我们的尊长，我当然要对他恭敬、谦虚，如孔子说："有酒食，先生馔；有事，弟子服其劳。"孝顺父母，对长辈谦恭，这是做人的本分，也是天经地义的道理。

第二，向朋友谦虚是和善

我们对待同学、同事、朋友，态度要谦虚，要尊重他、抬高他，这是表示和善。能够对朋友谦虚的人，自然会有人缘，别人自然容易接受他。

第三，向晚辈谦逊是高尚

有时候对待自己的晚辈，如子侄、学生、部属，在他们前面不必傲慢，不必自高自大；能够谦逊一点，不但不表示你的地位低，或是身价差，反而更显出你的人格高尚，也更能得到别人的尊重。

第四，向生人谦和是安全

平常我们会遇到一些过去不熟悉，或是初次相见的人。不管是为了事业，或是因为别人的介绍，不管是有缘者，或者偶然相遇的人，如果你对陌生的人谦虚、和平一点，这是安全之道。因为对方的背景你并不清楚，万一是位领导，你对他傲慢，事后的结果可想而知，必然是会吃亏的！所以在生人前面谦逊，才能安全无患。

万事成于谦虚，败于骄矜；做人要懂得虚怀若谷，要如大地之谦卑，才能承载万物，成就万事。

中庸之道

在日常生活里，有人过于追逐物欲，有人过分刻苦自励；有人对金钱的使用浪费无度，有人则是一毛不拔，这都不是正常的生活之道。就像一只手，始终紧握拳头是畸形，只张不合也是畸形，一定要拳掌舒卷自如，这才正常。所以，凡事要适可而止，要不偏不倚，这就是中庸之道。如何才能在日常生活里实践中庸之道，有四点意见：

第一，做事不要太苦

人生不能没有工作，因此每个人都不能不做事。做事当然要勤劳，但是也不能太辛苦；太辛苦了，以后做事就畏难、畏苦，就不能长久，不能持之以恒。所以，现在的公司单位大都制定 8 小时上班制，每天工作时间从上午 8 点到下午 5 点，有一个时间性；甚至每个星期不但有休假日，现在还实施周休二日，这就是要我们不要太辛苦。

第二，享欲不要太乐

人不能没有物质生活，适度的物质是维持生命不可或缺的条件。但是有的人享用过度，过分放纵五欲之乐，例如吃要山珍海味,穿要绫罗绸缎、住要高楼大厦,出门要开高级轿车等。过分追求物欲之乐,甚至浪费无度,则如银行里的存款,用得太多,总有一天会负债,所以,福德因缘还是要慢慢享受,不能透支。

第三,待人不要太苛

人与人相处,要懂得待人之道,最重要的,就是待人要厚道,要替人设想。尤其身为主管者,要待人如己,甚至要宽以待人,严于律己,如果待人严苛,或者是过分放任,都不是处人之道。

第四,用物不要太荣

对于日常用物,有的人爱购物,平常没事就喜欢逛街购物,并且乐此不疲,有的人则非名牌不用。其实东西能用、够用就好,不要太过豪华、奢侈,物质太多,不一定很好,所谓"人为物役",物质太丰,有时也是一种负担。

中庸之道其实就是佛道,佛道就是要我们每一个人的生活里,凡事不要太左也不要太右,不要太紧也不要太松;能够不偏不倚即为中。

卷三 ｜ 君子之道

君子具有宽恕之美，

对自己要求严苛，尽量满人所愿；

对别人则随顺因缘，不带勉强。

君子之道

君子的行为是怎样呢？一个有道德的君子，他的所说、所做处处都会为人设想，不会有无理的要求，更不会强制你的行为。他尊重每个人的人格特质，包容异己，所以君子是有德之人，随顺自然，量才为用。君子之道有四：

第一，君子不责人所不及

人有贤愚不等，能力大小不一，等于五个手指头伸出来，自有长短功用。团体当中，相当能干者、不能干者，能力大小分别，不责人所不及，不任意责备他人。学问不如我者，能力不如我者，鼓励提携，给予他尊重，给予他赞美，给予他包容，这才是有德的君子。

第二，君子不强人所不能

一个君子自我要求以身作则，力行身教，不会勉强他人做不想做的事，或做不到的事。好比有人不会讲话，逼他上台教书；不会唱歌，叫他开口唱歌；不会画画，要他拿笔作画，这都是强人所难！人并非万能，包容他人的不能，尊重启发他人的能处，这是君子令人赞佩的美德。

第三，君子不苦人所不好

君子具有宽恕之美，对自己要求严苛，尽量满人所愿，对别人则随顺因缘，不带勉强。君子处人，不勉强好静者逛街购物，不勉强木讷者开口畅言；喜欢大自然的人，邀约他游山玩水；爱好艺术的朋友，提供相关信息，适其性情，随其所好予以安排，不要求他人做不欢喜之事。

第四，君子不藐人所不成

一个有德的君子，知道每个人各有其特质，各有其司所要，因此他不轻视别人，藐视无成。他看人之好，不看人之缺，知道世间之人，必有一处长于自己，如《法华经》常不轻菩萨所说："我不敢轻视汝等，汝等皆当做佛。"人人皆有佛性，即便是烧火扫地者，也会有强过我之处，因此，君子不看轻一人，不藐视一人。这四点君子之道，也是我们生活中与人相处之道。

和平之道

现在举世人类，最大的希望就是和平。全人类一致要求和平，但是，一些别有用心的野心家、好战分子，他不以人民的幸福安乐为念，而以牺牲人命为他的升迁之道。所以今天的世界，虽然多数人倡导和平，但是，和平要有道。和平之道是什么呢？有四点：

第一，以无我观致力和平

今天大家倡立"和平"，却把"我"抬得太高，把"我"执着太深，凡事都是我想、我以为、我认为；"我"之一念，令人永不安宁。《法华经》说："我见太重之人，喻如饿鬼。""我"为纷争之源，无我才能大公，大公才能和平。所以，欲求世界和平，必须无我；"无我"才能达致根本的和平。

第二，以慈悲力倡导和平

人人希望和平，但是你用嗔恨心对待别人，怎么能和平？你以贪心希求别人给我，怎么能和平？和平必须要用慈悲心待人，你以慈悲心帮助别人，以慈悲心拔人苦厄；人人能以慈悲心相对待，则一切众生皆得福乐。果能如此，则世界才能和平。

第三，以尊重心谋求和平

人人都喜欢被人尊重，却容易忽略尊重别人。"己所不欲，勿施于人"。是尊重他人的基本原则。战国时代为人称颂的"将相和"故事，即蔺相如尊重廉颇，并得到廉颇尊重之回报，终使赵国免去强邻的侵扰；人的五指互相尊重，才能团结为一个拳头，一个拳头才有力量，有力量才能谋求和平。所以，欲图持久的和平，必须建立尊重之心；没有尊重的和平，不能持久。

第四，以平等行实践和平

佛陀在菩提树下金刚座上悟道成佛时，即宣告说："大地众生皆有如来智慧德相。"此一生佛平等之宣言，实为万亿众生得救之明灯。佛陀成立僧团，标举六和敬，以思想、法制、经济、语言、身行、心意为民主平等的原则。佛陀常说："我不摄受众，我亦是僧数。"佛陀以平等心与僧团大众相处，实践平等心，从未以统治者自居。我们要见世界和平，必先呼吁普世之人建立平等心，大国小国平等相处，各个种族平等相处，唯有平等心才能进取和平。

平常之道

禅宗有谓"平常心是道"！有的人说话，语不惊人誓不休；有的人做事，不能惊天动地非丈夫。其实，说话，闲话家常更觉亲切；做事，能让大家认同就是圆满；修道，也要修大家都能做得到的"平常道"。能够从平常事物中体会出佛法真理，这就是真修行，所以，平常之道有四点：

第一，稳当话就是平常话

说话，不必标新立异，说话旨在表达意思，因此，说话要稳当、切实，不要说空洞、高调的话。如果说话华而不实，说得到却做不到，或是说话得罪了别人，这都会让人看轻你的人格，所以说话要稳当，这就叫作平常话。

第二，本分人就是快乐人

做人，要做什么样的人？做一个本分的人最要紧。什么叫本分的人？例如应该正直，我就正直；应该诚实，我就诚实；应该慈悲，我就慈悲。我身为人家的儿女，我就做个孝顺父母的儿女；我的身份是学生，我就好好地用功读书，每次考试都有好的成绩来报答老师；我在社会机关里做一名职员，我就好好地把我的职务做好，这就叫作本分人。能够做个本分人，就是快乐的人。

第三，淡泊情就是真性情

人是"有情"的众生，但是，有的人情感太热了，只有 5 分钟热度，不能维持长久；有的人情感太多了，多得让人受不了。所以，有时候淡泊一点的情感，持之以久，甚至愈久愈香。淡泊的情，就是真性情。

第四，惭愧心就是向道心

人为什么要信仰宗教？在诸多的原因当中，有一个很重要的，就是培养"惭愧心"。惭愧心就是自觉我对不起父母、对不起儿女、对不起国家、对不起大众，我很惭愧。甚至我没有能力、我没有道德、我不够清净、我所做的不够多，因此，要奋发向上。怎样奋发向上？我信仰佛教，在佛教里我开辟另外一片天地，这就叫作向道心。一个有惭愧心的人，自然懂得精进向道。

世事无常，诸相皆空，如果我们有一颗平常心，世间的一切有也好，无也好，都看作镜花水月；得也好、失也好，都能以平常心看待，则生活自能恬适、自在！

丰收之道

每个人都希望自己的人生有好的收成，例如农民希望五谷丰收，商人希望一本万利，莘莘学子希望成绩优异，孜孜矻矻行者希望早得安心。要想丰收，就必须先要付出努力，所以，丰收之道有四点：

第一，欲得谷食，当行耕种

古人说："风雨以时，则五谷丰稔。"想要五谷丰收，就必须耕种。只要春耕、夏耘，秋天必有积谷存粮，自然也就不愁严冬来临。同样的，文人在稿纸上耕耘，焚膏继晷，费尽心血；老师在黑板上耕耘，循循善诱，百年树人；甚至禅者念念相续在心地上耕耘，也无不希望打破迷惘，安住身心。

第二，欲得富贵，当行布施

富贵，让人觉得生活安适，这是人人所追求的。但是，欲得富贵，必先播种；富贵的种子，就是布施。所谓"如是因，如是果"，你不给人，别人当然也不会给你；你不付出，也难以有所获得。所以，布施如播种，有了布施的因，才有富贵的果。

第三，欲得长寿，当行慈悲

一般人总喜欢到神明、菩萨前面祭拜，祈求福禄寿喜。其实，神明、菩萨、佛祖，他不会给我们福寿，只有自己可以给我们自己。我悦服众生，我尊敬生命，我尊重别人，我给人方便，我当然就会长寿。人的寿命，也不只是求得身体上的长命百岁，主要是指延续慧命。所谓："求福当求永久福，增寿当增无量寿"。我们在肉体的生命之外，还有很多生命，如语言、功德、事业上的寿命；能为自己留下历史、为社会留下慈悲、为人间留下美好，这些都可以让我们更加长寿。

第四，欲得智慧，当修般若

有人希望聪明、智慧，但聪明不是上天所赐，也不会凭空而得。想得到聪明智慧，就要修习般若。般若是我们的自性，是我们的本来面目，是一切智慧的根本。修般若就是修心，心一明，一切皆懂；般若，可以说是人生的宝藏。

因此，人不仅希望获得外在物质的丰收，更应该耕耘内在的精神世界，那才是恒久不失的丰收。

取财之道

中国人每逢过年，见面第一句话就是："恭喜发财"，一般的商家大都供奉财神爷，甚至居家生活也总是说："和气生财"，可见财富为大家所追求。然而"君子爱财，取之有道"，如何才是取财之道？有四点看法：

第一，非分之财不可贪

古人说："清酒红人面，财帛动人心"。说明财富吸引人之处。中国人讲"不义之财莫取"，佛教也以"毒蛇"形容非分之财的危险。所谓"孰以显廉？临财不苟"，不是应得的财富，即使得到，也会惹来无妄之灾，所以非分之财不要妄求。

第二，分内之财不浪费

祖传的产业、所得的薪水，这都是分内的财富。分内的财富是自己的，可以自由运用，但是也不能任意支出。荀子的《富国》说："明主必谨养其和，节其流，开其源，而时斟酌焉。"国家如此，个人也是。财富好比流水，流水一去不回头，用了一个就少一个，所以要量入为出，不必要的开销，就不能随便浪费。

第三，劳力之财不自卑

有的人不喜欢用劳力赚钱，觉得劳力的工作卑贱辛苦，收入微薄，为此感到不好意思。事实上，孔子说过："吾少也贱，故多鄙事。"一个人即使担任清洁工作、在家里做代销、送报纸、打零工……以此贴补日用，养家糊口，这是辛苦所得，虽然是小钱，却是光明正大，坦坦荡荡，更加难能可贵，理所应得，不必为此而感到自卑。

第四，智慧之财不荒废

有的人用自己的智慧、技术、能力来获得财富。比如刻一个图章、设计一栋建筑、画一幅图画、发明新的专利，其所获得的财富，可能比别人薪资所得还高。这种智慧财富，可以自利，也可以利人，不过也要好好用在适当的地方，否则用在无义之处，徒然浪费，那就很可惜了。另外，信仰、精进、持戒、闻法、喜舍、智慧、惭愧，这七圣财能滋润众生，为众生长养慧命之资粮，更要积极培植。

财富的意义，不在于金钱的堆砌，或是账户数字的增加。财富是为光亮生命的内涵，是为造福人类的工具。有钱是一种福报，懂得正确取得钱财、使用金钱，这才是一种智慧。

感化之道

在这个世界上，很多恶事一旦发生，都要靠法律来制裁；但是在宗教里，对于人间的种种不善，则是用感化来对治。法律制裁于已然，宗教则能防患未然。关于感化之道，有四点：

第一，以慈爱来感化怨恨

社会上有一些人，只要稍有不顺就怪你怪他，心中充满了怨恨，充满了不满；殊不知自己的一生，是多少人的成就，他不但不知感恩父母的养育、老师的教导、亲朋的扶持，乃至社会福祉的照顾，反而心生不满。对于这种凡事怪人，不懂自我反省的人，倘若一味采用教训、惩罚的方式，只会更造成他的反感，因此，唯有以慈爱才能感化他，以慈化导，才能消弭怨恨。

第二，以养正来感化邪恶

世间上也有不少人为了功名利禄，不惜一切地中伤别人，甚至心存邪恶的念头，对人不怀好意，尽做一些损人利己的事。对于这样的社会人心，唯有人人"养正"，也就是从每个个人自我健全做起，自己要有道德，自己要肯牺牲，自己要肯奉献，人人都能奉行"八正道"，以正道来感化邪恶，才能导正社会风气。

第三，以施舍来感化吝啬

在我们身边，不容讳言，有很多悭贪、吝啬的人，即使给人一点小小的协助都不愿意，正是所谓"拔一毛以利天下，吾不为也"！其实这是一个同体共生的世界，帮助别人就是帮助自己；假如沦落到你不帮助我，我也不帮助你，这将成为什么样的世界呢？因此，对于吝啬的众生，要让他认识布施的真意，让他了解布施如播种，唯有肯得布施结缘，才会更有福报。

第四，以真诚来感化虚妄

在生活里，常见有的人为了掩饰自己的错误而说谎，有的人为了获取一己的利益而欺诈。说话或行为虚妄不实的结果，造成人际之间的纷争，乃至影响国家社会的秩序，所以，"诚信"是个人立身处事之道，也是国家社会安定之基。如《中庸》说："诚者，天之道也；诚者，人之道也。"诚是做人的根本，诚以待人，则人能被感动；诚以处事，则能大公无私，因此我们要以真诚来感化虚妄。

面对世间上每天所发生的恶人恶事，不是只有大动干戈、拳头相向才能解决，一个人要有容人的雅量，能以道德来感化别人，才能建立祥和的社会。

更新之道

　　枝头新绿，园丁欣慰；开春新雨，农民欢喜。新生命让人迎接，新人受人瞩目；因为新，带来期盼，带来希望。所以，企业经营要别创新格，物品生产要推陈出新。我们每一个人也要不断地更新，思想要更新，做法也要更新；不断更新的人，才会有进步，墨守成规、抱残守缺的人，难以开创新局。我们如何更新呢？更新之道有四点：

第一，要有新观念，迎接新生活

　　观念会影响一个人的行为，行为会表现成为生活方式。一个人的财富多少、成就大小，往往也会受到观念所左右。观念保守执着，限制了人生的进展；观念灵活正向，就会有不同的契机。旧的观念不改，难以配合时宜；有了新的观念，才能迎向未来，才会有发展。因此，我们要迎接新时代，就要用新观念来开创新生活。

第二，要用新精神，从事新事业

　　我们的精神不断地更新，事业才会不断创新。人类从过去畜牧时代到农业时代，再到工业时代，近代的高科技信息时代，乃至未来急速发展的纳米科技来临。无论你从事什么事业，你要有新精神,随着时代脚步更新,才不会被淘汰。

第三,要有新知识,领导新时代

现代是一个信息爆炸的时代,知识不断地更新,科技不断地进步,医学研究不断针对各种病源,想要找出特效药,甚至哲学思想也不断地出现新理论。无论什么人,都要积极吸收新知,诚如台湾著名出版人高希均所言:"在知识经济的大环境中,每个人必须不断阅读;在学习世纪的大环境中,每个人必须要不断学习。"有了新的知识,你才有影响力,才能化导新的时代。

第四,要有新作风,处理新环境

所谓"新官上任三把火",这不见得是坏事,因为表示有执行力、有新作风、有开创未来的魄力。有新作风,才能处理老问题,才能去除旧包袱,创造新环境。领导人有新作风,部属也要有弃旧图新的接受度,才能彼此配合,带来新的格局、新的气象。

犯错的人改过自新,令人赞佩;初发心的菩萨道心虔敬,给人赞赏;参禅者也要不断地更新,不断地净化,不断地升华,才能一天一天接近悟的境界。19世纪日本明治维新后,上下耳目一新,走上现代化国家;20世纪初,美国杜威就已喊出:"重新估定价值";中国近代教育家罗家伦也呼吁,要有新思想,要做"新学生"。所谓"流水不腐,户枢不蠹",到了21世纪的现代,我们怎能不走上"更新之道"呢?

相处之道

如何与人相处？这是人生一个很重要的课题。有的人不善与人相处，走到哪里都不受欢迎，甚至不但不得人缘，还到处受人排挤，障碍重重，自然感到凡事都不能顺心如意。反之，善于与人相处的人，处处逢源，处处方便，到处都有贵人相助。所以，如何与人相处的这门学问，每个人都应该用心学习。有四点意见提供：

第一，了解别人是群我之道

我们与人相处，最重要的是了解别人。所谓知己知彼，对于别人的性格、习惯、需要，我都能了解，才能成为知交。春秋时代的管仲和鲍叔牙，所以能结成"管鲍之交"，主要就是他们相互知心、相互了解。但是，反观现在的社会，有很多夫妻、恋人之间，常常因为不了解而结合，因了解而分开，总是令人感伤的事。所以，我们应该因了解而结合，因了解而相互帮助，相互体谅，这才是群我相处之道。

第二，宽容别人是和睦之道

人和人能够认识、相处，就是有缘，既然有缘，就应该和睦相处。和睦之道，在于一颗宽容的心。例如当别人有不合己意的地方，你要包容他；当别人与自己有意见冲突的时候，你要宽容他。所谓"有容乃大"，就像大地普载万物，大地才能受人赞美；虚空能包容万物，虚空才能成其大。所以，我们要让自己伟大，应该学会对别人宽容，这也是人际之间的和睦之道。

第三，接纳别人是体谅之道

人难免有智愚贤不肖，对于别人的不足、缺失，你能接纳他，就是一种体谅之心。有的人对人完全不懂得体谅、包容，一天到晚怪这个人做事太慢，嫌那个人说话不中听，甚至觉得这个不好、那个不对。对别人完全没有一点体谅之心，自然心生排斥，当然无法接纳。

第四，关怀别人是友爱之道

人都希望获得别人的关怀，尤其当失意、困难的时候，适时表达一句关怀的慰问、提供一个关怀的协助，可以激发人的信心、重燃希望。关怀别人，就是表达善意，你能不吝关怀别人，一定能获得对方的友谊，所以关怀是彼此友爱之道。

一个人要有未来、要有前途，群我关系一定要相处融洽，一定要主动去关怀别人，能感受别人的存在，自己才能存在。

保养之道

机器用久了，要上油保养，人的身体也要时时运动，用心保健。甚至我们的心灵也要修养，我们的气量也要养成，所以，社会上有各种养生、养心、养性、养量之道。关于身心的保养之道，有四点看法：

第一，清淡的饮食为养身之道

饮食是资养色身不可少的要件，所以，人每天都要吃饭。甚至为了保健，除了三餐以外，还有各种食补、药补。但是，吃得好、吃得多，造成营养过剩，不见得对身体有益；每日三餐，重要的是要定时定量，要吃得均衡，尤其清淡的饮食，不会造成肠胃的过分负荷，反而有益健康，所以现在很流行素食。

第二，良好的书籍为养心之道

人的身体要有充足的营养才能常保健康，心灵也要有养分的滋润才不会枯竭。心灵的营养是知识，知识主要来自书本，所以人每天都要读书。所谓"一日不读书，言语乏味；三日不读书，面目可憎"。读书求取知识，可以变化气质、净化身心，让自己透过读书而明理知义、通情达理，甚至对人生的迷惑、疑问，都能够心开意解，所以读书是养心之道。

第三，尊重与包容为养量之道

一个人的心量有多大，成就就有多大，所以人要养量。古人有谓"宰相肚里能撑船"，政治家要有包容心，尤其现在民主时代，政治人物更要有包容异己的心量，如果你不能包容异己，别人也不会容许你存在。度量的养成，就是要有尊重与包容的心，能够包容不同的人、不同的事，彼此和平共存，才能养量。

第四，欢喜与融和为养缘之道

世间一切都是靠众缘和合才能成就，所以人要广结善缘，才能在社会上立足、存在。一个乐观进取、欢喜与大众在一起的人，才能融入人群，才能与人结缘，所以，养成欢喜的人生观，有欢喜的性格，用欢喜可以培养因缘。例如，说话给人欢喜，与人结个欢喜缘，乃至欢喜施舍、欢喜助人、欢喜给予；经常给人欢喜，就能够广结人缘。

做人要善于养身、养心、养量、养缘，人生的路才能走得平顺。

修养之道

每一个人都希望自己留给人很有修养的印象，有的人被认为没有教养，不仅是自己的耻辱，也意味着家教不好，间接地让父母没有光彩，所以，人要注意自己的修养。怎么样才算有修养呢？有四点意见：

第一，谨言行以寡过

谨言慎行是修身的第一步，也是处世要道。所谓"祸从口出"，有的人因为逞一时之快，一句话说得不当，惹来杀身之祸。所以，做人要想免去无妄之灾，首先应该注意不可随便说话，更不可以率性行事；当你的言行都能合乎道德、合乎慈悲、合乎正直，就不会有过失，这是做人的第一修养。

第二，节饮食以养身

人的疾病，绝大多数都是由于饮食不当所引起，例如吃得太多，造成消化不良等肠胃病，乃至现代人吃得太好，营养过剩，形成肥胖症，甚至胆固醇过高、糖尿病等百病丛生。所以，在佛教里主张"少食为良药"，甚至主张"不非时食""过午不食"。

我们看到中国大陆在改革开放前，人民虽然贫穷，但是很多人都很长寿，八九十岁，甚至百岁人瑞多不胜数，可见得少食有益健康，所以节饮食可以养身。

第三，耐烦劳以尽职

一个人有没有修养，就看他耐不耐烦。有的人事情一多、工作一累，就无端地乱发脾气；因为他不耐烦、不耐劳，所以成不了大事，当不了主管。反之，有的人凡事接受，他能耐烦、耐久、耐劳、耐苦，为了恪尽职守，为了要把事情做好，为了对主管有所交待，为了不愧对自己的良心，这就是修养之道。

第四，慎喜怒以平气

"喜怒不形于色"，这也是一个人莫大的修养。有的人沉不住气，欢喜的时候，大呼小叫、欢天喜地，恨不得天下人都知道他很开心；有时候烦恼了，他就迁怒、生气、找人麻烦，这都是没有修养的表现。所以，真正有修养的人，不管喜怒，都能心平气和，这是很大的修养。

修养是从日常生活中表现出来的自然行仪，要靠平时的养成。

对治之道

世间的问题层出不穷，不但有人的地方就有问题，而且常常为了解决一个问题又衍生出另一个问题，所以，解决问题，唯有对症下药、根除病源，才可一劳永逸。例如"救寒莫如加裘""止谤莫如静修""弃恶莫如扬善""离过莫如积德"等，都是有效的对治之道。说明如下：

第一，救寒莫如加裘

每年寒冬，一般的寺庙、慈善团体，都会举办"冬令救济"。所赈济的物品，除了金钱、米粮以外，总少不了棉被、大衣等御寒的衣物。因为天寒地冻，衣裘最能送暖，此所谓"雪中送炭""寒冬送衣"，最是温暖人心。

第二，止谤莫如静修

现代的社会讲究言论自由，但另一方面又常因言论失当，引发毁谤官司。其实，一个人之所以遭人毁谤，多数都是因为表现太好，遭人嫉妒，所谓"誉之所至，谤亦随之"，誉与谤常常如影随形。因此，当一个人遭人批评、毁谤的时候，切忌跟他舌战、辩驳，或是打官司、控告对方，这都不是很高明的办法。最好就是闭门自修，冷静以对，最后是非自然止于智者。

第三，弃恶莫如扬善

佛经讲"诸恶莫作，众善奉行"，不作恶是消极的止持戒，能够起而行善，才是菩萨道所应奉行的作持戒。尤其对于一个曾经坏事做尽、臭名昭著的人，虽然良知发现，改过迁善，但是，因为过去所造的罪业还是存在，所以必须多做善事，以行善培福来消弭罪业。行善就像是在田地里施肥、灌溉，一旦禾苗长大、茁壮，下面纵有一些杂草，也起不了作用。

第四，离过莫如积德

"人非圣贤，孰能无过；知过能改，善莫大焉。"一个人有心改过，必须下定决心，积极以行动来利益世人。所谓"立功、立德、立言"，能够建立古今圣贤一致推崇的三不朽事业，必然仰无愧于天，俯无怍于地。

人生在世，时刻都要小心谨慎地修养身心，同时要有因应问题的智慧与办法。

用心之道

　　每个人天天都要用心，用心读书、用心做人、用心做事，举凡"举心动念"，都是在用心。只是，我们可曾检视过自己的心，我们是如何在用心的呢？我们是把心放在金钱上呢？放在爱情上呢？放在名利上呢？或是把心放在人我是非上呢？如果用心不当，后果就不堪设想，所以我们应该注意用心之道，有四点：

第一，用心宁远勿近

　　"人无远虑，必有近忧"。有的人目光短浅，看不到未来。他眼中所见，只有一时、一地、一人、一物；心中所想，只有一时的安乐、一时的利益。这种人容易贪小便宜，因小失大。所以，我们要怎样用心呢？心要想得远，要想到三十年后、五十年后的未来。甚至要知道，生命不是只有一世，我们不能只想到今生，还要看得到来生。一个人的眼光能看得远，生命才有未来、才有希望。

第二，用心宁广勿狭

　　做人心胸要宽广，所谓"心包太虚，量周沙界"，你的心量愈宽大，包容的愈多，成就必然愈大。所以，一个人的眼光不能只有看到我的家庭，还要看到社会；不能只看到自己的利益，还要有国家观念。甚至不能只看到国家，还要有世界；乃至不只看到我们的世界，还要看到无边的法界。能够开阔心境、放宽眼界，世界就愈大，生命也就愈丰实。

第三，用心宁深勿浅

一棵大树，根要扎得深，枝叶才会茂盛；山里的矿产，愈是埋得深，质地愈纯净。做人，经过养深积厚，才有内涵；有内涵的人，出言吐语都会经过深思熟虑，自然不会被人讥为肤浅。所以，人生处世，做人不能心机太深，但是做事要用心思考，所思所想要能"横遍十方，竖穷三际"，尤其要往自己的内心深处去发掘，才能把自家的宝藏开发出来。

第四，用心宁大勿小

每个人的出身，虽然家世背景不同，乃至智愚、贫富等立足点也不平等。但是，个人前途的创造、人格的养成，并非必然地受限于先天条件的限制。有的人尽管资质鲁钝，只要肯发大心、立大愿、做大事、利大众，也能创造出一番伟大的事业，开展出自己不平凡的一生。反之，有的人尽管智商很高，聪明才智加上祖荫家产富厚，但是如果只是用心于一己之利，其人格、成就也是可想而知。所以，做人用心要大，千万不要因为小心眼而局限了人生的发展空间。

《劝发菩提心文》说："金刚非坚，愿力最坚；虚空非大，心王为大。"我们每一个人都有一颗宝贵无比的心，千万要好好善用它。

为将之道

《孙子兵法》里提到："兵者，国之大事，死生之地，存亡之道，不可不察也。"国家的安全，需要由军队来保卫，而军队的训练领导，则需要有将领的指挥、带头；所谓战略、战术，战场上的武德十分重要。同样的，一个团体、机构的发展，也与他的领导人息息相关。如何成为一名将领呢？以下说明为将之道：

第一，体能不健，不可以为强将

我们无论做哪一项事业，不但要有智慧、才能，同时还必须具备强健的体能。你看，能征惯战之将，他们的身体、相貌，都是雄赳赳、气昂昂，如果不是训练有素，怎么能有军人的威武架势呢？所以，强将要有强健的体魄，有要强健的意志，要有强健的战斗力，才能成为一名强将。

第二，进退不明，不可以为勇将

战地里的勇将不只要会打胜仗，纵然打了败仗，也要懂得如何撤退。身为领导人，不能知晓进退，是无法称得上是勇夫。诸葛亮爱将马谡，由于恃才傲物，只知进不知退，导致战争失利，全军覆没，几乎动摇蜀国的根基。所以进退也要有道，才能成为真正的勇将。

第三，兵法不熟，不可以为大将

不懂兵法，不会领兵，不知战略，怎么能做一个将军呢？即使在一般的团体里，对于领众方法、办事效率，不能透彻，也是无法知天时、识地利、利人和、善进退，更不能成为一名大将。

第四，历练不足，不可以为名将

无论是文臣武将，学术、理论一定要通彻精淳，并且能知行合一，行解并重。人称军事天才的拿破仑，也是经常苦读世界各国战史，精研兵书。当他领军作战时，将之运用，并且面对困难，接受挑战，如此才能造就功勋大业。

人生的旅程上，我们要做健将，要做勇将，要做大将，要做名将。

致胜之道

学生参加考试，希望赢得高分；选手参加比赛，希望获得胜利；商人从商，希望赚取利润；国家经济发展，希望展现国力。所谓"赢在起跑点"，要想达到理想，一切都要先有计划，如何才能得胜呢？致胜之道有四点参考：

第一，杰出最需要的是创意

现代社会发展迅速，故步自封的人往往跟不上发展的脚步。科学家为了因应时代，不断创造发明，为人类生活带来新气象；制造商为了促销产品，不断改良创新，以致供需能平衡。你想要出人头地吗？你想要高人一等吗？最重要的就是要有创意，观念要时时调整、思想要经常更新、人品要常求进步，有创意才能为生命注入活水。

第二，成功最需要的是努力

我想成功，你想成功，他也想成功，却不一定人人都能如愿成功。柏拉图曾说："成功的唯一秘诀，就是要坚持到最后一分钟。"一个人所以能成功，不是光靠聪明伶俐，或是谈吐如流，而是需要努力和坚持，需要精进向前的毅力，需要不懈怠、不因循的意志力，如此付诸行动，才是成功最大的关键。

第三，支持最需要的是群众

一件事情的完成，需要大众共同支持成就，孤军奋斗的模式，已经不适用于当前发展迅速的时代。好比一场精彩的演出，需要观众的鼓励肯定；一场激烈的球赛，也要有球迷的加油喝彩；乃至民主国家，上至领导者，下至人民代表，都需要群众支持的力量。同样的，事业要能成功，主事者也要有能力让决策获得广大员工的支持，才能凝聚共识，共同努力。因此，平常的广结善缘很重要，真心待人处事，才能得到群众的支持。

第四，合作最需要的是信任

人与人合作，最重要的条件就是互信互赖，你相信我，你才敢跟我合作；我相信你，我才愿意和你配合。就像员工信任主管，才会投入工作；主管信任员工，才会大胆用人。信任不能只是一句空话，信任感的取得是来自言行一致。因此，平时做人处事，就要重视人格道德，就要公平公正，建立双方的诚信，才能增进良好的合作关系。

循着胜利的原则行事，才能成功在望。

学问之道

佛教里面的青年学子，要经历访师寻道的过程，以增广见闻，才能获得学问，这个过程叫作参学。好比我们现代人除了正规的教育之外，还要继续留学深造，或是四处参问学习其他知识，方为有学问之人。

尤其处于现代社会，无不讲究专业知识与专门技术。科学家还分为生物科学、电讯科学、星际科学、纳米科学、复制科学等等。这些林林总总专业学问的获得，是人类精神、潜能、毅力的开发。学问之道，兹有四点意见：

第一，学问之道，能问则得

学问之首在于发问。有如叩钟，大叩大鸣，小叩小鸣，不叩不鸣；同样的，学习必须向人谦虚请益、叩问，才能获得长辈、大德的教授。例如佛教因为有须菩提尊者的发问，才能留下令人千古传诵的《金刚经》；禅宗祖师启问"什么是本来面目？""何谓祖师西来意？""念佛是谁？"让学生向内心自问自参，直至机缘成熟，而豁然意解，妙得于心。

然而中国人受传统礼教观念的钳制，以填鸭式的教育灌输于下一代，并没有得到禅宗思想教育的启发，所以，学生不敢发问，更不懂得怎样问，如此学不到思考、辩解，又怎能进步呢？所以，学问之道，能问则得。

第二，学问之道，能闻则知

听闻，是获得学问的途径之一。由听闻知道理，由听闻去除恶事，就如容器受水，土地植种，应离不当的过失。例如对于师长的教授，如果不用心，就等于将茶水倒在茶杯的外面；或以贡高我慢的态度，将茶杯倾覆，让茶水倒不进去；抑或是听闻之后，转头即忘，等于茶杯漏了，哪里能装水呢？

第三，学问之道，能思则明

所谓"以闻思修入三摩地"，思考，可以让一个人理路清晰，明了；依理思维，可使学人发生智慧，所以参学之后，要不断地思考，思想才能深入。

第四，学问之道，能用则深

参学所得到的知识道理，要灵活运用，方能产生力量。例如在老师那里听闻慈悲，就要将慈悲用来感染人间，增加人生的善美；学了禅定，在日常生活中，就要将禅定用来待人接物，自我观照；问道于前人所得到的智慧，就要用来行佛，利济群生，才能发挥学问的作用。

用书之道

古人说：读半部《论语》可以治天下；阅《资治通鉴》能够知古今；《二十四史》道尽天下的兴亡；三藏十二部佛教典籍，叙述了宇宙人生的真理，可见得书的重要。

人应该要读书，不读书则不知仁义。古来的读书人自我反省，"读圣贤书，所学何事"？无非是勉励自己，也能跻身圣贤之流。所以，人不仅要会读书，还要会用书，用书之道，有四点：

第一，藏书不难，能看为难

现在有很多人，收藏了很多书，尤其那些发了财的人家，在酒柜之外，还要加设书柜，收藏一些名家的著作，附庸风雅，方能堪称书香世家。所以藏书不难，却以能看为难。

第二，看书不难，能读为难

有些人看书，走马看花，随意浏览；或是漫不经心，貌似阅览，却妄想纷飞，心猿意马。若能将书中真义读出来，真正深入了解却很不容易，所以看书不难，能读为难。

第三，读书不难，能记为难

纵使会读书，也能了解，但是记不住，随看随忘，随读随弃，亦不能达到读书的效果。所以读书不难，以能记为难。

第四，能记不难，能用为难

有很多学者，以速读的方式阅读，在博闻强记之下，赢得博学多闻，聪明巧慧的美名。虽然口若悬河，滔滔不绝地倒背如流，但是不会运用，没有融会贯通，不能善加运用，即使读了许多书，对于自他也是没有什么利益的。

古德云："一册经卷满馨香，法味供养最富足。""人抬人万丈之高，书抬人无价之宝。"韩愈也说："一时劝人以口，百世劝人以书。"在在说明以著书立说来利益人间，是书的最妙之用。

所以我们读书要紧的是不但要藏书，而且是要能看书，能看书还要能读书，能读书之外还要能记书，记书以后还要能运用书。将书本融入生活，把知识化为智能，以处理人世间的诸多问题，那么这个书才有用。其实，我们自身就是一本书，所谓"不读自身，不晓得失；不读自心，不知妙处"。

虽然用书之道有四难，但是若能做到"以满腹经纶代替胸无点墨；藏书千册代替腰缠万贯；以文会友代替酒肉朋友；书香社会代替功利社会"，仍不失"用书之道"。

治心之道

中国人有一句话说："药石医假病，真病无药医。"所谓的真病，指的就是心病。我们的心有贪嗔痴慢疑的烦恼疾病，需要转换、净化和调伏。以下提供八个治心方法，作为参考：

第一，以静心对动心

现代人普遍患有浮躁不安的通病，终日凄凄惶惶，不知生活的目的为何，如果能每天有一点宁静的时间，透过禅坐思维观照，必能涤清尘虑，引发智慧。

第二，以好心对坏心

我们的心，时而圣贤，时而魔鬼，载浮载沉，好好坏坏。好心一起，万事如意；恶念一生，万障门开。因此，我们要屏除坏心，摄持正念，消除自他之对待，培养慈悲喜舍，便能以好心对治坏心。

第三，以信心对疑心

怀疑是根本烦恼之一，世间上有不少悲剧导因于猜疑；疑念一起，作茧自缚，人我猜忌，如高山隔阻，见不到真实之自他，因此我们要学习以信心调伏疑心的毛病。

第四,以真心对妄心

我们的心念妄想杂乱,必须以正念来对治妄念,以无念来对治正念,无念即是消除差别,平等一如的真心。意即:"心中有佛离心念,念得心空及第归。"

第五,以大心对小心

所谓"百川入海,同一咸味"。"高山不辞土壤,大海不择细流"。都在说明包容的重要。小,有限有量;大,无限时间空间。

第六,以无心对有心

虚空之所以为大,正因为空无。待人处世别有用心则心有牵系,无心则不为一切万法所系。如果能以无心对治虚妄执着,便能享受随缘放旷,任运不系舟的逍遥。

第七,以恒心对变心

"人心惟微,道心惟微"。我们的心如同水上打毛球,生灭不停,对这个无常的心念,我们要以恒心面对,才能不为形役,不为境转,才能获致身心的自在。

第八,以等心对伪心

拣择、分别的心使我们的生活偏离正道,烦恼丛生,所以,禅宗祖师教示以"等心"来对治"伪心",也就是日常生活中要以真实、平等的心来待人处世,才能免于受困在妄想、分别的桎梏中。亦所谓"至道无难,唯嫌拣择,但莫爱憎,洞然明白"。

领导之道

有些人不希望被人领导，希望能领导别人。然而在家庭，有家长要领导我们；在公司，有董事长、老板要领导我们；国家、社会上也有许多领导人，如县市长、乡镇长、村长等要领导我们。要成为一个领导人，要有领导之道，略有四点：

第一，要能讲、能做

做一位领导人，自己不是只能讲，却都叫别人做。自己能讲，自己也要能做。中国有句话说："身教重于言教"，你要以身作则，站在前头，率先垂范，领导者负有带动部属的责任，不能光讲不做，自己不能实行的话，跟随的人久而久之，必定对你能讲而不能做没有信心。假如能做不讲的话，他也不知道你的意见何在，进而对领导者没有交流。《论语·里仁》说："君子欲讷于言而敏于行。"所以，对部属谨言慎行，但言行一致是很重要的。

第二，要无怨、无悔

领导者的行为、态度，时时都受到众人的瞩目。你不能让跟随你的人，每天讲你的怨言，每天不断地给你泄气，甚至让他每天懊悔，失去勇气，弄得大家终日不见阳光，只见乌云盖天，其成绩后果可知。所以，做一个领导人，要经常乐观，所谓春风、笑语、慈颜，把欢乐一直散播给大家，让众人感动，所谓"带兵要带心"。

第三，要有慈、有智

领导人要有慈悲心，所有部属的问题要能解决，所有公家赋予我们的责任，也要能解决。要用慈悲心对待一切，你不能做事都与人为敌。过去我们常讲"服务为做人做事的根本"，慈悲是给人快乐，用同理心去设想对方、体谅对方，用柔软心对待对方、协助对方。还要加上智慧，既然作为一个领导人，要懂得策划，懂得安排，懂得方法，懂得前后的因果关系。所以，在佛教里面，要能"横遍十方，竖穷三际"，就是要能在时空关系、上下人等，都要能够周全圆融，普遍十方。

第四，要不私、不傲

不要自私，不要只顾自己，有己无人，不能让人甘心效命，凡事先想到部属，对应的报酬慷慨给予，何愁不唯命是从？做人不要太傲慢，太傲慢，人家感觉到你很官僚，往往与人难和，这样凡事都不易做通，谦虚对待、亲和关怀，不盛气凌人，不居高临下，则更加方便、更能得到部属群策群力，同心效力接受领导，给人利益则无往而不胜。

好的领导之道是采取积极行动，以身作则，胸怀宽广，豁达大度，去改变部属生活与工作的现实，激发他们的效能。

治家之道

中国古来圣哲、贤人，均强调家庭教育的重要。像颜之推《颜氏家训》、朱柏《治家格言》，甚至曾国藩的《曾文正公家训》等，都被认为是读书修身、治家之道的宝典。佛陀时代，须达长者娶嫁媳妇、女儿，对象希望是有同样信仰的佛教徒。还说："没有皈依三宝的人，请不要投生在我的家庭里。"可见，以信仰传承也是一种治家之道。主要的治家之道有哪些呢？

第一，妻女无妒则家和

俗语云："一个厨房容不下两个女人。"其实，家庭里的妻、女、姑、嫂，相处之道要彼此"跳探戈"，对方进一步，自己就退一步，和平礼让，恭敬淳谨，不要嫉妒、多生是非。因为嫉妒如火，能烧毁一切。所以，家庭的最大道德，就是不要相互嫉妒，这一个家庭自然会和谐。

第二，兄弟无偏则家兴

家庭中，兄弟姐妹的思想、意见、看法，要合于中道，不要太过偏颇、执着。更不能为了争取家庭中的地位、财产，而演出兄弟阋墙的不幸事件。所谓"苦瓜虽苦共一藤，兄弟虽愚共一心"，兄弟团结无偏，家庭才能兴隆。

第三，上下无纵则家尊

家庭中，无论长辈、晚辈，不可纵情纵欲，要依理遵法，家庭才会有尊严。曾国藩在朝为官，权重一时，却经常关心家中兄弟、子侄的生活情况。他特别写信告诫大家，不可流于"骄"、"佚"，因为"骄"、"佚"是败家之道。因此，一个家庭要有尊严，必须上下无纵。

第四，嫁娶无奢则家足

婚姻嫁娶是家庭的大事，难免慎重其事。所谓"嫁女择佳婿，毋索重聘；娶媳求淑女，勿计厚奁"。人品的良好端正，才是重要，至于礼节，则不可太过奢华、浪费，家庭就会富足。

第五，农工无休则家温

农工之家能勤于耕作、劳务，不懒惰、不懈怠，家庭自然温饱无缺。现今的工商社会，也不一定指农工之家，只要从事正当事业，都要勤劳勉力，你不游乐、不偷懒，就不怕经济不景气，即使开个小面摊，都能够让家里的大人小孩衣食温饱。

第六，祭祖无忘则家良

慎终追远，是中国人的传统美德，是子孙对先人懿德的缅怀纪念；有时也会遇到邻居、亲友丧祭之事，这时也要适时协助、给予慰问。一个家庭，不忘记祭祖之诚、不忘失丧祭之礼，必定是一个良善的家庭。

学习之道

生命是一连串学习的过程，在学校里固然可以学习，在社会上、人我间，更有着宽广的社会大学。所谓"三人行，必有我师焉"，都有我可以学习的对象、事情。如何参究学习之道，提供四点参考：

第一，在苛刻中，学习宽容

受教育的目的之一，就是学习做人处事，我们可以自我反省、自我觉察自己是一个什么样的人。如果待人苛刻，就容易没有人缘，不受人尊敬，做事经常碰壁，也就不难理解了。这时，就必须要学习宽容、厚道及包容。不要一句话就跟人计较，一点小事就与人冲突，能够在苛刻中，学习到包容、厚道，这样才是做人之道。

第二，在冷酷中，学习温情

做人很冷酷，或是对人太冷淡，凡是别人的苦难感觉事不关己、漠不关心，当然就没有人缘，不受人尊敬。这时要学习一点温情、关怀、爱心，如果能学会给人一点温情，给人一点关怀，给人一点爱心，那么就是一个真正富有的人，这世间也会多一些温暖和情意。

第三，在懦弱中，学习勇敢

许多人感到自己的性格懦弱，不敢说话、不敢承担、不敢举手表达意见，甚至不敢站到人前，这都是勇气不足的缘故。懦弱没有关系，勇敢是可以慢慢学习的，从小事情做起，从小团体参与，慢慢自我训练、自我突破，应该说话的时候，要勇于说话；应该做的时候，要勇于承担；应该见义勇为，就当仁不让，勇敢就会慢慢增加。

第四，在狡诈中，学习真诚

做人狡诈、滑头、投机取巧，这是源于自我的认知不足，自我的信心不够，才用此种方式来获取种种利益。所谓"因地不正，果遭迂曲"，这必然受人轻视，受他人的不欢迎、不尊敬。唯有改变自己，学习真诚、实在、信用，才会获得人家的尊敬，受到人家的肯定。

学习，能使人脱胎换骨，面对生命的顿挫；学习，能让人接受现实，勇于向缺点挑战。因此这四点学习之道值得穷毕生之力，去认真学习。

处众之道

人是群居的动物，每个人都是大众里的一分子，佛教讲"同体共生"，就是彼此相互关联、相依相恃的紧密关系。人与人相处，如何和谐愉悦、皆大欢喜，获得好人缘？以下六点处众之道可以参考。

第一，语言要温和

俗语云："见面三分情"，见面时，要以善意问候来结缘。佛门的"爱语"，就是以温和礼貌的语言来与人交往，用砥砺人心的语言来给人鼓舞，用关心体贴的语言来与人沟通。一句温和的话，能得到很好的朋友；一句恶语，可能会让多年挚友反目成仇。所以，不要吝惜用温和的语言。

第二，往来要诚挚

"感动，是最美的世界"，要使人感动，铭心不忘，唯有真心与人相待，时时不忘散播欢喜的种子，让周围的人感受到自己的诚意。在家对父母感恩，在学校对师长敬重，在社会上对朋友尽义。对大众和睦，对社会尽心，都是展现对朋友诚挚的互动。诚心如滴水穿石，又如铁杵磨针，更能化腐朽为神奇。

第三，待人要恭敬

《法华经》里有位常不轻菩萨，以敬视众生如佛的普敬法门来修行，使他能授记成佛。"因位如来"的普贤菩萨，也是以"礼敬诸佛"作为修行。所以你恭敬他人，他人也会恭敬你，减少彼此摩擦。恭敬实为成就自己与他人最快速的不二法门。

第四，处世要谨慎

在缜密的人际网络里，言行举止上容易冒犯他人，也因自己不周全而伤害别人。处世要"停听看"，"停"是等待，等待机会、等待因缘，是预备力量再出发；"听"是让你知道人情世事的好坏善恶，不听，怎么知道好坏对你的影响呢？看清目标，才能清楚前途何去何从，没有眼睛的世界是一个怎么样的情形呢？鉴古知今，关羽"大意失荆州"，拿破仑"滑铁卢之役"，都是过度自信自满才招致失败，所以在做人处世上，不可不小心谨慎！

第五，举止要谦逊

与人相处，礼貌周到，每一个行为举止要谦逊有礼，虚心表现自己的不足。人人都是值得自己学习的老师，如此才能让人欢喜、受人欢迎。俗谚说得好："若要好，大作小。"自己广结善缘，也能因此学习到更多。

第六，人我要尊重

你比我好，我尊重你比我付出多一分的努力；你比我差，我尊重你为了成就大众才甘居于后。人人若能够尊重彼此的优点，并引以为学习的榜样，培养宽容的雅量，自己在智慧上也会增长更多。

　　在社会群体中生活，要能从人际的互动，感受人性真善美的可贵。"处众之道"无非是要缩小自己，成就他人，在互尊互重互爱之下，自他关系更为圆融。

觉悟之道

一年 365 天，人生百年，就有 36 500 天，日子一天天过，要选择过快乐的一天？还是痛苦的一天？是清明觉悟的一天？还是浑噩愚痴的一天？我们虽然无法决定寿命的长短，却可以选择过着清净自觉的生活。怎样才是过觉悟的一天？提出四点意见：

第一，以无我观，觉悟世间假相

一般人执着我，这是我的眼、耳、鼻、舌，这是我的身体。其实，这个都不是我的，身体在时间之流里，我不能自主；身体在宇宙里生存，我无法做主，要生病，要逐渐损坏，都无法自我决定。这一个我、身体，是种种的因缘供给我让我存在。因此我们要以无我观来看待，无我观就是因缘观，种种的因缘和合存在，因缘散灭了，和合的假我也就散灭了，只是一个短暂的存在。如果能彻底觉悟无我，就不会太计较、太执着世间的假相，人生因这样的觉悟，就会获得更大的快乐。

第二，以无常观，觉悟诸法实相

宇宙万有中，有一个不变的原理，就是无常，无常是指一切迁流不息的变化，没有一个永恒不变的东西。常人执着我拥有的物品、亲人、名位、财富等，再坚固的物品会有损坏，再亲密的亲人会有离散，再崇高的地位会有堕落，再多的财富也会有消散。虽然好的变坏了，但是，坏的可以再变好，这种变化，就是无常，是诸法的本来面目。能够觉悟这种实相，就能看破放下，而拥有更积极、开放的人生。

第三，以平等观，觉悟理事无碍

这个世间无论男女老少、贫富贵贱，其本性平等，无高下之分；其他有情众生，无情的山河大地，也都平等。从理上看，世间万物，其性本空；从事相上看，森罗万象都是依因待缘而有。

能用平等心观世间，从理中有事，事中有理来体会，慢慢能达到理事圆融无碍，就能广纳世间。

第四，以般若观，觉悟人我一如

《摄大乘论释论》说："由一切众生一体摄故，我即是彼，彼即是我。"所谓的"蝴蝶效应"："亚马逊流域的一只蝴蝶拍动翅膀，会掀起密西西比河流域的一场风暴。"以般若智慧来看，宇宙是一个生命共同体，一个渺小的事件，也可能具影响性的关键，能以般若智，觉悟万有是同体共生，是人我一如，就能像布袋和尚一样，大肚能容，容天下难容之事。

昏昧也是一天，清楚也是一天，同样过 24 小时，结果却不可以道理计算。提供这四则觉悟之道，朝着解脱的目标迈进，过一个清明净觉的生活。

读书之道

人在世间上，一定要读书。从一个人的谈吐、气质、智能、知识、品德，可以知道这个人所受的教育，虽然知识和人格不一定成正比，然而教育的主要目的就是改变人的气质，提升人的修养。所以说到教育，就必须要读书，关于读书之道，有四点说明：

第一，不时地展阅，则眼熟

好书，开卷有益。时常地展阅，温故知新，对于书里的道理，自然熟悉。正如苏东坡所说："旧书不厌百回读，熟读深思子自知。"三国时的董遇也说："读书百遍，其义自见。"好书值得一读再读。每次重读，随着年龄、生活经验的增长，另有一种新的体认。

第二，不时地谛听，则耳熟

听到一曲耳熟能详的歌，很快地引起共鸣。同样的，一句话，你会谛听，可能改变观念；佛法一句偈，你会谛听，可能打开启悟之门；禅门祖师一句话头，你能听入内心，就能契入真理。《华严经》云："佛法无人说，虽慧不能解。"因此，无论修学佛法，读书做学问，皆贵在多闻熏习。

第三,不时地读诵则口熟

好书,不只是要看,有时更要读诵,甚至能琅琅上口。好比学习语言,要勤于说,遇见外国人,才能脱口而出。过去中国的私塾教育,讲究背诵,背书必须读诵,读得滚瓜烂熟,才能在必要的时候,信手拈来,出口成章,讲出深刻隽永的道理。

第四,不时地思索则心熟

读书除了眼到展阅,手到书写,耳到谛听,口到念诵以外,最重要的是要思索。思索以后融会于心,才能将书中的道理,转化为自己的财宝,成为自己的学问。譬如乳牛吃了牧草,也要反刍,才能消融转化,成为养分。因此,儒家有谓:"学而不思则罔,思而不学则殆",佛法亦云:"以闻思修而入三摩地",这都是指出"思"的重要。

读书之道,别无他法,唯有多看、多听、多读、多思考,才能将书本上的知识、道理,内化成自己的涵养及智慧。读书做学问,也不在聪明智慧,而在专心与努力。

教子之道

世间上，无论功在乡梓或是祸殃乡民者，其思想个性的养成，均离不开父母的教育与家庭的熏陶。所以，对于孩子的品格和道德的养成，父母的观念、方法是非常重要的。可叹的是，现在社会信息复杂，价值观模糊，让做父母的常常感到不知如何教育儿女才好。以下四点教子之道，贡献给大家参考：

第一，励以志，不励以辞

有位身陷囹圄、悔不当初的狱中人，回忆少年时期逞凶斗狠，每次和人打架，满身伤痕地回到家里，母亲总是厉以颜色地说："你还好意思回来，爱打架就去打得够，打输了就别回来！"这样的教育，使得他性格愈加暴戾，终于犯下杀人罪。所以在教育子女时，要让他受到尊重，加强他的责任感，教导他理性地表达自己，鼓励他确定生活目标，而不是用严厉的语言不断地苛责。

第二，劝以正，不劝以诈

有个小孩在学校偷了同学的圆珠笔，父亲知道后，立刻给儿子一记耳光说："你怎么可以偷人家的笔呢？你要圆珠笔，爸爸可以从上班的地方拿一大包给你。"这样的言行，怎能做儿女的表率？

所以，教育子女要以身作则，孟子曾经说过："身不行道，不行于妻子"，自己要有高风亮节的行谊，才能教导出言行道德高尚的子女。

第三，示以俭，不示以奢

春秋时鲁国大夫御孙说："俭，德之共也；侈，恶之大也。"节俭的人，对物质的欲望必定较少，奢侈之人，必定多求妄用。寡欲则能谨身节用，不被利欲蒙蔽自己的良知道德；奢侈则因不能满足己欲，导致铤而走险，遭来祸殃。俗语说："由俭入奢易，由奢入俭难"，因此，父母应以身作则，让子女们从小就养成节俭的习惯。

第四，贻以言，不贻以财

西晋何曾日食万钱，子孙习其骄奢淫逸而倾家；宋朝寇准豪华奢侈，子孙遗其奢靡而穷困。与其留给儿女万贯有形家财，不如把宝贵的人生历练、无价的智识经验以及生命的智慧，遗留给子女，让他们在馨香的道德环境中耳濡目染，培养健全的人格，长养廉洁的道德，传承前人处事的智慧，这才是让子女安居乐业之道。

父母教育子女的方法，除了提供无虞的物质生活，还要给他们精神生命的滋润，所以，父母应有无限的方便与善巧，有时以严格来折服教导，有时要以慈爱为善巧抚慰，恩威并济、宽严并施，最重要的是父母以身作则的教示。

夫妇之道

夫妻之间，应该怎样相处？所谓"夫妇之道有三等"，你是哪一等的夫妇呢？看看有以下六点参考：

第一，上等的丈夫，回家帮助太太料理家务

上等的先生下班之后，会想到太太忙于工作，还要忙于家务，必定辛苦，回到家里，他会体恤太太的辛劳，协助太太操持家事。这样的丈夫，必定是上等的好丈夫。

第二，中等的丈夫，回家喝茶看报赞美太太

不会帮忙做家事的丈夫，回到家里，虽然喝茶看报纸，至少嘴巴还会赞美太太，感谢太太的付出，如此的话，太太再怎么辛苦，也能甘之如饴。

第三，下等的丈夫，回家盛气凌人嫌东嫌西

最下等的丈夫，回到家里，就是一副自己最辛苦、自己为家庭付出最多的姿态。一下嫌太太菜煮得不好、一下嫌太太不会打扮，看不顺眼东嫌西嫌，甚至盛气凌人，这是最下等的丈夫。

第四，上等的太太，治家整洁贤惠有礼

俗语说："家有良妻，如国有良相。"一位贤良的妻子，能将家庭的开源节流打理得妥当，家庭环境维护整洁，态度温敬柔软，周到体贴，行仪慈孝和顺，让先生无后顾之忧。

第五，中等的太太，慰问丈夫赞美辛劳

莎士比亚说："一个好妻子，除了处理家务外，还兼有慈母、良伴、恋人三种身份。"所以，治家能力差一点的太太，至少要能多说好话，要常常慰问赞美先生的辛劳与付出。

第六，下等的太太，唠叨不休刻薄自私

下等的太太，不但不善于治家，先生辛苦回到家时，还会喋喋不休，一下嫌弃他的职业太低、赚钱太少，一下埋怨住得不好、穿得不暖，如此只会让先生觉得家如监狱牢宠。

很多失败的婚姻，都是因为双方不能谅解对方的辛劳，不能体会对方的付出。所以，夫妇之道，从互相欣赏、互相体谅开始，遇到困难险阻时，能互助克服，共离困境，婚姻才能美满。

孝亲之道

自古以来，中国人讲究以孝立国，以孝治天下，孝亲是非常重要的。在佛教里，孝亲之道分有三等：衣食无虞、物质供养，这是最基本的小孝；努力进取，光宗耀祖，是中等的孝顺；引导父母有正确的思想、观念、见解、信仰，让他可以解脱烦恼，离苦得乐，甚至超凡入圣，成就佛道，这是上等的孝顺。以下也提供四点孝亲之道：

第一，供养莫使贫乏

子女幼小时，为人父母者无不尽力满足所需。儿女长大后，有能力回报时，对于父母所需饮食、生活等基本物资，也要能供应，让他们无所匮乏。乃至有时候，父母有一些特别的嗜好，只要是正当的，如散步、运动、喝茶品茶、聊天下棋等，都应尽量给予支持，让他们感到安慰满足。

第二，凡事先行告知

有一话说："父母心，磨石心。"经典也说："母年一百岁，常忧八十儿。"无论父母年纪多大，他们的心就像石磨一样，转动不停，时时惦念儿女。因此，做儿女的人，有什么事情、出门去哪里，要告知父母，让他们安心，免得老人家为你挂念、担心。你凡事应向父母禀告，让他们安心，感受到你的尊重，这比你给他再多的供养还要重要。

第三，做事光宗耀祖

天下的父母无不以儿女为荣。你的所有言行、所有作为，不使家庭蒙羞、父母蒙羞，乃至使祖先蒙羞，这就是孝顺了。光宗耀祖也不一定是拥有高官厚禄、声名显赫，你心中有道甫，时时助人，走到哪里，让人感到欢喜你、肯定你，父母因为你的善行懿德，受到别人的欢迎祝福，这也是光宗耀祖。

第四，不断父母正业

假如父母有什么好的事业、正行，为人子女者更要为他们发扬光大。例如父母恭敬虔诚，热心护持宗教事业，子女要有信仰上的传承；父母曾经帮助教育慈善事业，子女也应该延续他们的爱心，让父母亲的善名，远播十方。有了这些继承，父母的慧命、事业，都能可以延续，这是最大的孝亲之道。

孝是人我之间应有的责任，孝是人伦之际亲密的关系；孝维持了长幼有序，父母子女世代相承的美德，是对生命的诚挚感谢，无悔无怨的回馈报恩。这四点孝亲之道，可以让我们实践孝的精神。

用水之道

古人有云："福报如水"，水用完了，表示福报也流尽了，所以长辈莫不教诫子弟要"滴水如金"。古代也有句老话，每个人每天只能用七斤四两水，超过了，就是浪费不惜福。如何才是用水之道呢？以下有四点意见：

第一，要节约爱水

古代大德形容水如财富，你能把用水当作用钱，不浪费水，也等于是不浪费钱财。反之，你不节约用水，甚至浪费水，就等于浪费钱财。因此，爱惜财富，就要节约一点，不能随意花费。水也是一样，能节约用水，水就能源源不断，一生会用不完。

第二，要惜福用水

以前有一名弟子提水给仪山禅师洗脚，由于水太烫，在加一点冷水后，随手便倒掉剩下的半桶冷水。仪山禅师生气说："即使是一滴水，也能给人解渴，给草木生长，它蕴含天地无限的生机，你这样轻易把水倒掉，怎么能和诸佛接心，与祖师相应？"这名弟子受了仪山禅师的教诲，从此改名"滴水"。人在世间，福报有多少，这是有数量的，不要以为自己万贯家财，若福报享尽，仍会一无所有。

等于银行存款，浪费开支，终有尽时。所以虽然只是滴水，也要节用惜福，不随意浪费。

第三，要培德蓄水

不但节约用水，还要知道蓄水。平常水龙头一开，水就自然而来，等到停水时，就知道生活的困难。假如平常就知道节约用水，惜福用水，甚至我们像培福集德一样，蓄水储备，就不怕因一时失水而着急了。

第四，要植树造水

除了消极地节约、惜福用水外，也要积极从爱护水源、不破坏水源着手。要爱护水源，平时就要不滥砍伐树木，甚至要广植林木，借着种植树木让树根抓住土壤，涵容水分，以加强水土保持。

水，浇在花草上，花草会生气盎然、吐露芬芳；水，送给焦渴的人，焦渴的人会如获甘霖，解除热恼。旷野的森林草木动物，也都是靠着水的滋润，才能生长活动。水对万物，实在有无限贡献。

因此，这四点用水之道实在值得我们深思实践。

进退有道

一个人言语举止没有分寸，别人会批评他"不知进退"；赞美一个人待人处世合乎法度，说他"进退中绳"。说一个人"进退维谷"，是形容他陷入前进不了，又后退不得的窘境；一个人临事张皇失措，就是"进退失据"。一个人如果只知"进步"，那他只拥有一半的人生；还要懂得"退步"，才是完整的生命，因此，我们要能进能退。进退之道大有学问，提出四点供大家参考：

第一，快速而不马虎

我们处在追求快速的时代，做任何事都讲究时效、效率，不容许慢吞吞。吃的，以方便面、快餐解决；行的，追求高速、超音速；住的，流行快速建筑。行事有效率当然很好，这是一种进步。但是，在追求速度之时，也要能静下心来，仔细规划、考虑，才能避免受马虎之害。譬如现代社会，离婚率居高不下，就是对婚姻大事，抱持速成马虎的心态，只知进而取，不知退而思的后果。

第二，谨慎而不保守

小心仔细做事，固然比较不会出错，但过度谨慎，就易趋于保守，往往在该果断时，仍迟疑不决，因而丧失先机。只求不犯错的谨慎，只是有"守"的技术，而没有"进"的智慧。一位年轻人拿着解聘书到总经理室，问："我这两三年来都没有出错，为什么解聘我？"总经理说："你没有出错，代表你只是追寻前人的脚步处理事情，而不敢冒险。敢大胆冲刺，小心求证的人才，才是公司竞争的本钱。"因此，做事要谨慎而不保守。

第三，谦虚而不卑贱

仅有高视阔步，昂首向前的自信，只是半部"前进"的人生；还要有虚怀若谷的情操，懂得低头弯腰，才是完整的人生。但是，态度需要谦虚，却不能卑躬屈膝，谄媚阿谀，置自我尊严于不顾。一个人必先懂得自我尊重，才能真正尊重别人。因此，要在自我尊重里谦虚，而不是奴颜媚骨。

第四，礼让而不畏缩

在良好的人际关系中，最讲究的就是礼让。礼让是美好的处世态度，但礼让不是畏缩，不是躲避。只知一味礼让，只是退步的人生，易流于怯弱；在礼让之下，还要能勇敢向前、自我承担，才是有进有退的完整生命。

圆满的人生，要像跳探戈，有进有退。如何进？何时退？其道甚大，必须运用智慧，才能真正体会"进退有道"的深奥。

卷四 ｜ 幸福之道

怀抱希望的人对未来必定充满自信。
对未来抱持信心，就会有幸福。

幸福之道

每个人追求的幸福不同，定义也不同。有人以获得财富为幸福，有人以拥有爱情为幸福，有人以权力在握为幸福；这些外在取得的幸福，看似实际，犹如泡沫，难以掌握。到底什么才是取之不竭、用之不尽的幸福？有以下四点：

第一，生活要乐观进取

英国诗人拜伦说："悲观的人虽生犹死，乐观的人永世不老。"分别只在一心的取舍。心，可以是光明庄严的道场，也可以是烽火漫漫的战场；心，可以是生产良好产品的工厂，也可以是盗贼土匪的温床。选择以乐观的态度面对一切，幸福的种子就已萌芽，加上进取的因缘，必定获得幸福的果报。

第二，工作要胜任愉快

工作中，想要胜任愉快、发挥所能，莫过于敬业乐群，最失败的，不外乎与主管对立、与同事有隔阂。再者，抱持心不甘、情不愿的心情，推诿、讲理由，做来感到辛苦不堪，如何有幸福可言？能发挥热忱、活力，工作自能胜任愉快。

第三，事业要进取有恒

想要有一番作为，恒心毅力、进取勇猛是不可或缺的因素。倘若稍受困阻，就尽弃前功，如何成就？孟子云："掘井九仞，而不及泉，犹如弃井也。"因此，做事必须进取有恒，抱持"不达目的，决不放弃"的信念，终能"滴水穿石"，走向幸福的大道。

第四，未来要充满自信

怀抱希望的人，对未来必定充满自信。大文豪萧伯纳说："有自信心的人，可以化渺小为伟大，化平庸为神奇。"内心充满自信者，能驱动生命，转化因缘；对未来有信心，就懂得为当下负责。纵观现今社会，忧郁症和自杀者频传，这就是对未来空虚，没有产生希望。因此，突破内心的恐惧，对未来抱持信心，就会有幸福。

幸福，不是别人给我们的，也不是上天赐予的，想获得精神上的满盈、永恒的幸福，把握以上四点就可以实现。

事业成功之道

表演者演出内容要精彩，必须不断揣摩；产品要不断推陈出新，才能符合大众的需要；想要在各行各业中脱颖而出，就需付出努力；任何事业要成功，也要有各方的因缘来成就。事业成功之道有四点：

第一，个人为小，团体是大

所谓"三人成众"，现在的社会，唱独角戏的个人表现已不太能成功。事业要成功，首重"集体参与""集体创作"，要将自己的心随顺大众，融入团体里，才能有所成就；离开"众"则事难有所成。倘若人人都能抱持着"大众第一，自己第二"的想法，何愁事业不成功呢？

第二，职务精简，分工合作

现代社会重视分工合作，如建筑分工、管理分层，而每个事业无不集多数人的努力才能完成。因此，分工合作就是团队精神的展现。在分工合作中，每一个单位、每一个职务都不可忽略，大家集思广益，才能创造出历史性的事业。好比佛教丛林职务有四十八单，依个人的发心、能力、德行、才学的不同，彼此分工合作，才能使团体更上轨道。

第三,相互尊重,精神一致

团结如桶,不可有漏洞。一个团体要发挥最大的力量,必须每一分子都有共识,且能相互尊重、相互包容。如果一起工作,却彼此离心,彼此牵制,则无法成就;若能精神合一,理念一致,即使分散各地,也会有所成就。

第四,掌握时空,健全制度

修行人之所以要精进修行,就是为了在无限的时空里证入菩提,在刹那的时光中掌握永恒。同样的,事业要有百年根基,也要懂得掌握时空,才不致错失良机。现在的社会凡事讲究制度,一个企业也要有健全的体制,才能永续经营。

成功不可能从天上掉下来,事业要成功,必须具备种种因缘。

快乐之道

快乐是对生活感到充实，对心灵有所提升。快乐是一种精神的成就、满足，好比农家看到果菜丰收，园丁欣喜百花争艳。快乐是人人所希求的，我们要追求的快乐之道到底在哪里呢？

第一，快乐在真心情意里

有人以为有钱就会快乐，但是金钱也会带给人烦恼，不能解决所有的问题。许多人以为爱情就是快乐，但是自私的爱情，也会给人带来许多执着痛苦。有人认为有了名位就会快乐，等到名位高了，反而失去自己。其实快乐就在真心诚意里，你待人以真、待人以诚，脚踏实地培植好因好缘，以真情真义交流相待，获得的快乐，才是珍贵。

第二，幸福在人我友谊里

人不能没有朋友，朋友之交，相互提携，彼此勉励，是快乐的泉源。《中阿含经》云："比丘但念自饶益及饶益他，饶益多人，悯伤世间，为天、为人求义及饶益，求安隐快乐。"生而为人，生活安乐、家庭平安之外，真心关怀友人、关怀世间，自利利人中，会为人生带来快乐。

第三，平安在无求无怨里

有所求，就会有所失落，失落了，就会产生怨恨，内心就会不平衡，不平安。《八大人觉经》云："无自多求，增长罪恶。"多求多烦恼，只有无求，才能得到平和、平静、平等、平安。菩萨在人间付出，普行大慈大悲、大喜大舍，他的心无怨无悔、无虑无求，不但自己坦然平安，也会带给一切众生平安。

第四，解脱在看破自在里

一般人习惯追求外在的感官之乐，例如眼观色、耳闻声、鼻嗅香、舌尝味、身感触，这种根尘的快乐却是短暂、空虚而不真实的。人想要从忧悲苦恼中解脱出来，追求更高的心灵层次，就必须要能看淡世事、看破实相，心里有满足、有包容、有智慧、有信仰，自在快乐的泉源就会被开启了。

与其追求短暂不长久的快乐，不如追求永恒无住、没有执着的欢喜自在。《善业经》："过去之法不应追念，未来之法不应希求，现在之法不应住着，若能如是，当处解脱。"能够认识人生真相，凡事尽己因缘，结果随缘随喜，不追求取着，穷也好、富也好，有也好、无也好，一如云水，悠悠去来，就可以解脱获得快乐了。

安全之道

生活之中，每个人都希望获得安全、安乐。天灾地变，非个人力量可扭转，但人为的祸端，有时却是自己造作所致，因此，灾祸是可以从日常做人处事上避免的。如何是安全之道呢？有以下四点：

第一，非善之事不为

人要做事，生活才有着落，人要做事，生命才能发挥功用。但是做事也要有所选择才能安全，《佛说孛经》说："人发善心，鬼神助之，恶虽不觉，终必受殃。"不善的行为、不善的事情不能做，只有存好心，说好话，做好事，才有好的人生。

第二，无义之言不说

《一切有部毗奈耶经》说："若人生世中，口常出刀剑，由此恶说故，常斩于自身；若赞于恶人，毁谤贤善者，由口生众过，定不受安乐。"说话不当，有时比利剑更伤人，不但自己无法安乐，甚至惹来祸殃，招致不幸。因此，说话要得体，说得合理，要说对人、对世间说善美的话，要说有意义的话，你说的话，才会被人接受，受人敬重。

第三，危害之行不做

所谓"一人一事都有道理，一举一动都有因果"。因果是如实的真理，一切善恶都有规则循环，害人之行最终还是回到自己身上，所以，即使是小小恶事，都不能妄为。一个人只要发挥自己的长处，对别人、对家庭、对团体、对社会做有益的事，你对别人有贡献，别人怎么会不看重你，和你友好相处呢？

第四，造恶之友不交

朋友是一生重要的伙伴，他们的言行，也深深影响我们自己。《缁门警训》说："邪师恶友，畏若豺狼，善导良朋，视如父母。"因此，交往的对象要慎选，远离恶友、损友、心念邪恶的人、行为不端正的人。

开车、坐车要系上安全带，道路有安全岛维护车道行进安全，乃至车与车之间也要保持安全距离，同样的，人要活得安全，主要靠自己的行为。用安忍来面对困难坎坷，用慈悲导正暴力行为，用戒法健全自我身心，用禅定作为自己安住的力量，再加上述这四点作为安全之道，必能远离灾害。

聪明之道

聪明之道，首先耳朵要聪敏会听，听四面八方；眼睛要明亮会看，看远近古今。光会听、会看，还要会说，说得真实不虚，说得让人拍手叫好。聪明的人，看在眼里，听在耳里，记在心里，能用心学习一切，讲说智慧之语，提升生命的层次。聪明之道有四点：

第一，眼观天下，天下如"果"

有一种奇妙的果实，吃了它以后，再吃任何东西都会变得非常可口，即使是很酸的柠檬，也变得很甜。用眼睛看世间，如何把丑的人事物美化呢？宋朝有一则公案，苏东坡与佛印禅师打坐，一个说对方像一堆牛粪，一个说像一尊佛。苏小妹点破了说，以粪心看人就像粪，以佛眼看人都是佛。看世间如果能加一点佛心，就会像吃了奇妙果实，什么都很甜美。

第二，耳听众音，众音如"曲"

我们的耳朵会听到各种声音，大自然的天籁，令人陶然沉醉，而好话如甜美的歌声，善语像优美的旋律，这些声音，也会让人心旷神怡。听到美好的声音固然欢喜，听到不顺耳的，也要能够转化，把批评当作养料，讽刺就是针砭，讥笑好比药石，毁谤则为砥砺。不论是哀伤幽怨，如泣如诉，或清脆悦耳，似大珠小珠落玉盘，不都是人间的悲喜交响曲吗？

第三，口说语言，语言如"歌"

动之于心，诉之于口，嘴巴是我们沟通、表达的管道，说话幽默风趣，可以带动欢喜热闹的气氛；说话尖酸刻薄，则损人害己，招来祸殃。因此，讲话要像一首动听的歌，宛转高雅，真情流露，才能打动人心。

第四，心思众生，众生如"亲"

诸佛菩萨，悯念众生，如母忆子一般。一个有智慧的人，心胸豁达，不自私拘泥，心里所想的都是为大众，为将来与后世子孙，看待一切众生也如同家人一样。当一个人把心思放在众生，常常为众人解决困难，无形中，其智慧、福德就会在大众中成长。

看得多，见识广；听得多，知识丰；想得多，理路透。如果我们想要拥有广大的世界，就不能狭隘设限，要开阔心胸，放远天下，关怀众生，始能从中习得圆满的智慧。

语言之道

　　语言是表达情意、沟通人际、传递思想的重要工具。因此，语言要讲究真实、善美、清净。因为好话、坏话关系着一个人的道德人格，也影响着别人的喜怒哀乐。《大智度论》云："常以好语，有所利益，是名法施。"意思就是说，只要我们讲一些对别人有利益的话，就是在布施真理。语言之道，有四点需要注意：

第一，言仁不言暴

　　有的人说话，语带强制、恐吓，是谓语言暴力，或是巧言令色，以花言巧语，卑躬屈膝的态度，博得他人的信赖；这些言语，都无法令人生起慈爱之心。因此，我们说话要说仁慈的话、仁德的话，不要讲暴力的话。

第二，言义不言利

　　历史上著名的经典翻译家唐朝玄奘大师，童年时就有一个良好的生活习惯与性格，他自我勉励："言无名利，行绝虚浮"，因而成就他一生的伟大事业。孔子亦说："群居终日，言不及义，好行小惠，难矣哉！"强调言行中正义的重要。

第三，言礼不言邪

语言，是心灵之窗。善美的语言，反映出清净的心灵；丑陋的语言，则显示出心中的污秽。古人说："心之所感有邪正，故言之所形有是非。"因此，说话要有分寸、要有礼貌，不可胡说八道，虚假妄言，蛊惑人心。

第四，言信不言诈

所谓"言而无信，不知其可"。一个人说话没有信用，不知道还能以什么作为立身处事的准则？我们讲话，言语中不能有一句欺诈，不能有一句不实，要讲有信用的话，开诚布公的话，以及对人间能增加信心，对自他具有建设性的话。

爱惜口中的语言，用慈悲的爱语化导暴戾气氛，能使社会趋于平和；爱惜心灵的语言，用智能的心语消除贪嗔愚痴，可以让心灵常保明净。只要合乎行为礼节规范的语言，都是好话。

交友之道

　　常言道："近朱者赤，近墨者黑"，可见朋友对我们的影响之大，所以必须了解什么是益友，什么是损友。真正的好朋友是能互相规劝、砥砺的。"在家靠父母，出外靠朋友"，除了亲人，朋友是我们人生道上不可缺少的一环人际关系，而且许多事情是靠朋友知交才能处理的。交友之道有哪些？如何才能得到真正值得交往的朋友？

第一，以德交友，患难与共

　　要如何交朋友呢？首先需问自己想交什么样的朋友。如果希望交到真心的朋友，就要拿出自己的真心，以道德、以义气、以慈悲来交往；如此得来的朋友，在最紧要关头时，大都能同甘共苦。所谓"患难见真情"，在最困顿的时候，还能不变初衷地支助扶持，才是真正的朋友。

第二，以诚交友，肝胆相照

　　和朋友相处，彼此要讲究知心，讲究坦诚，讲究肝胆相照。双方以真实的言语、真实的感情交往，摒除利害关系，拥有手足般的义气情谊，能相知相惜，相互关爱，彼此扶助，就是真正的肝胆相照了。如战国时的隐士田光，为助燕太子丹刺秦王，举荐荆轲，更为守秘而刎颈，田光之忠诚，可谓肝胆相照。

第三，以知交友，见多识广

见识广博或具有专业知识的人，会受到朋友的尊重与信赖。同样的，要结交有内涵的朋友，也要先充实自己的内涵；懂得随时吸取新知的人，智慧容易开启，也会吸引许多见多识广的人到身边来。刘禹锡之交往即是"谈笑有鸿儒，往来无白丁，可以调素琴，阅金经"。

第四，以道交友，法乐融融

"道风德香传千里"，有道德的人、有修养的人，无人不欣喜，不论远近，大家都会争相来亲近。和他交往的人，也都会依他自勉，而得到提升，此即所谓"与善友交，入芝兰之室，久而不闻其香，即与之化矣"。

《中庸》曰："待人以诚，感人以德，交人以善，这是率性之谓道。"朋友交往以诚以真，相待以礼以敬，相处以平以淡，相勉以学以道，都是交朋友的原则。

为友之道

大家都渴望找到真心的朋友，但是，要找到一生不相负的好友，往往是可遇而不可求。你常常慨叹朋友辜负了你吗？想要交到真心的朋友，本身也需具备一些条件。例如不能太过倚赖朋友，这会使对方感到不胜负担，久之必然离去。尤其不能因为熟悉而失去了分寸，失了分寸与尊重，久之必然反目。如果对方失意时，要适时给予鼓舞与安慰。再者，双方都能互相勉励、共同充实彼此的内涵，这样友谊的层次也能提升。在《长阿含经》里面，佛陀对于朋友之道有以下四点开示：

第一，为彼不惜劳苦

历史上的"管鲍之交"闻名千古。主要因为鲍叔牙有慧眼识英雄的本领，一眼认出具有冲天之志的管仲，又有"不受离间"的智慧，无论旁人如何评论管仲，鲍叔牙都不为所动。反而不断地给予包容、谅解与协助，才有后来擘划千里、成就齐国霸业的管仲。

另有晋国公子重耳，家国流散，在外颠沛十数载，忠臣狐偃始终不离不弃，后来得到秦穆公的帮助回国为君，重耳重用患难之交的忠臣狐偃，奋发图强，终于成为春秋五霸之一。

第二,为彼不惜财宝

朋友有经济上的困难,应量力帮助他渡过难关。如姜子牙未发达前,义兄不惜财宝的接济,终于造就了历史上的姜子牙。

六祖惠能大师未上黄梅以前,卖柴为生,靠着安道诚的仗义相济,给予安家费,使其无后顾之忧,顺利参访五祖,终于成就道业,成为中国禅宗史上提倡顿悟的祖师。

第三,为彼济其离怖

朋友受到挫折、失败或感觉无助之时,要像观世音菩萨的施无畏精神,及时伸出援手,让朋友远离怖畏,得到安心。

第四,为彼时相教诫

要成为对方的挚友,就要相互勉励,彼此为鉴,并且观察他的偏失,矫正他的气质。在朋友虚浮时,能够养之以沉稳;观念褊狭时,导之以宽广;急躁不耐时,修之以从容。朋友有过错,应该要暗地里规劝他改过,这是好友应尽的责任。

朋友是互相的,应该要彼此感恩,懂得付出,才能交到真心的朋友,也才能得到相互依存的挚友。

朋友之道

古人对交友很重视，并列于五伦之一，因为与朋友之间的互动是为人处世重要的一环。如果关系顺利，可以带来生命的互助与喜悦。

明朝的苏浚在《鸡鸣偶记》中说："道义相砥，过失相规，畏友也；缓急可共，死生可托，密友也；甘言如饴，游戏征逐，昵友也；利则相攘，患则相倾，贼友也。"对于朋友相处之道，提供四点意见：

第一，要互相交流

唐朝李白、杜甫是一见如故的朋友，他们相互讨论诗作，将唐诗带到文学的高峰。要互相交流，平时的关心慰问不可少；逢年过节也要礼尚往来。有时候可以特别举行茶会、餐会、读书会等，彼此以新知交流，增进了解，彼此更加融和相知。

第二，要互相帮助

朋友是两个个体的联系，彼此有互动关系，必然是荣辱与共、休戚相关，所以要有"同体共生"的认识。如三国时代桃园三结义的刘备、关羽及张飞，贫富与共，患难相扶，侠义之情令人敬佩。

第三，要互相尊重

不要将朋友视为私人所有，这样的友谊必定不能长远，因为朋友也有他独立的人格，不但要给予相当的个人空间，还要尊重他好的传统、正信的宗教、光明的观念、正当的嗜好，以及他的家庭、性格等等，尊重可以带来长远的情谊。

第四，要互相信任

所谓的"疑友不交，交友不疑"，朋友之间的往来，如果存有疑忌之心，不但不能互相信任，甚至可能彼此受害。交友之先，要能分辨趋炎附势的佞友，恶劣为非的损友，吃喝玩乐的劣友，朋比为奸的诈友，在交往之初，可能会让人感觉甜蜜，然而久之必受其害，此类恶友都不可结交。

会劝正导善的畏友，能切磋互勉的诤友，虽然刚开始交往，容易使人有点难堪，但久后必受其益。此类善友可以多多结交。

待客之道

家庭里，免不了常有亲朋好友等客人来访；公司里，免不了有商业往来的客人走动；寺院道场里，信徒、友寺、社会人士参访，更是时常有之。所以寺庙的知客师很重要，"知客"就是"知道客人的需要"，也就是要懂得待客之道！待客之道，不分寺院、公司、家庭，人人都应该了解。关于待客之道，分为四等：

第一，像朋友的客人，要让他宾至如归

"有朋自远方来，不亦乐乎。"有时候久未联系的朋友忽然来访，不能让他觉得生疏，要热情招呼，让他有宾至如归的感觉。从他一到，举凡喝茶、吃饭、休息，我都要以礼相待。尤其用餐时，上等的主妇在饭菜上桌后，很快就能走出厨房，到餐桌上招呼客人用餐；如果客来扫地，客去泡茶，这是最劣等的主妇。

第二，有困难的客人，要为他解决问题

俗语说："在家千日好，出门一时难。"又说："在家靠父母，出门靠朋友。"人难免有遇到困难的时候，对于有困难的客人，不管他跟我们是商务上的往来，或是曾经共事的同事、主管、属下，乃至单纯友谊往来的客人，我们都要真诚地关心他，不能跟他支吾其词，让他觉得你好像有意要避开他。你能帮他直接解决问题最好，否则帮他出主意、提供其他管道，总之，能帮他把问题解决，让他觉得不虚此行，这才是对有困难的客人应有的待客之道。

第三，随机缘的客人，要予他欢喜希望

有的人来访，并没有特定的目的，只是随兴忽然而来，他没有事先通知，也没有事前约好，临时就跑来了。不过你还是要好好招待他，要给他欢喜、给他满足，要让他感受到人情的温暖，进而对人生充满希望，这才是待客之道。

第四，对高位的客人，要和他不亢不卑

"以客为尊"，请客要让客人受到尊重，受到礼遇，这是应有的待客之道。但是宾主是有界限的，宾主各有各的立场，例如开会时，主席、代表、会员，都是主体，有时即使上级领导莅临与会，也只能是来宾。大国的总统到小国访问，是小国的上宾；小国的国王应邀到大国去，也是大国的上宾。宾主不能只论大小，而是平等的论角色。所以有的客人身份、地位很高，但是所谓"客随主便"，不能"反客为主"；身为主人的，对于高位的客人，也要不亢不卑，才不会有失身份。

宾主自有他一定的内涵与规矩，所以一个好的主人，最主要的是要会对待客人。

保健之道

时代愈文明，人类应该更健康才是。但是纵观今日的世间，医学科技愈进步，难治的疾病就愈来愈多，这是十分奇异的现象！仔细想来，或因人类只知医病，既未将真正的病根寻找出来，也没有将身、心、灵看作一体来保健。

有人把健康比喻为"1"，把家庭、爱情、事业等等，比喻为"0"。有了"1"，一切的"0"都变得有价值；只有"0"而没有"1"，所有的"0"都失去了作用。这个比喻很有道理，与古人所说"留得青山在，不怕没柴烧"，有相同的意义。另外，在自我精神层面上的保健，也要注意到四点：

第一，不急躁，宁静可以致远

古时候常听到巡更之人，一面敲着锣，一面沿着街道大声提醒大家："天干物燥，小心火烛！"在自然界干燥之时，容易"星火燎原"，引起火灾；在我们的内心当中太过急躁，同样也很容易"心火燎身"。心中一急躁，情绪立即冲动，身体来不及应变，引起肌肉紧绷，氧气无法到达，身体机能运转不灵光，因此容易致病。

所谓"静如处子，动如脱兔"，身心时时维持宁静，精神容易升华。再者，人在宁静之中，眼光能看得远，心胸能放得开，生命层次自然也跟着提升。

第二，不发怒，心平可以气和

想要身体健康，内心首先要修养得平和，对人能够体谅，对事能够随缘，对物要能爱惜。想要健康就不能常常生气，因为生气容易损伤精神。多年前曾有科学家实验，人一旦发怒，全身的血液都会产生剧毒。人不要时时准备操控他人，那样只会与心境平和的修养背道而驰。能控制自己，理性时时都能战胜情绪，逐渐地能够做到心平气和，这也是延年益寿的一种秘诀。

第三，不压抑，随缘可以自在

遇事缺乏处理的智慧，客观环境又不允许发泄出来，这样日积月累下来，太多的压抑，必定一发而不可收拾。滞郁之气需要化解，苦闷需要找到渠道来疏通。如果找不到合适的人来为你排解，可以交给悠云、流水、虚空，或是向佛菩萨倾诉；等内心能看得更远了，自然凡事都能欢喜接受。欢喜与接受，这都是增加生命养分的好方法。所以，不要以压抑来处理内心的不满，而要朝光明面来看事情，才能过得随缘自在。

第四，不幻想，踏实可以进步

幻想与梦想不同。梦想是一种远景，只要积极有计划、按部就班地去实践，许多梦想都能成为事实。

但幻想的人，只想一些不可能实现的假象。或是尽管想得天花乱坠，却不肯付诸行动。幻想既劳心又使人脱离了现实，到最后甚至得了幻想症，何苦呢？还不如把握住现在，安安分分的，该吃饭的时候吃饭，当睡觉的时候睡觉，应办事的时候办事。生活在现实的人生当中，凡事处理得好，进步就容易了。

如何学道

现今社会上学佛的风气非常普遍，这是好现象。因为一个人心中有佛，他眼睛看到的都是佛的世界；心中有佛，耳朵听到的都是佛的声音；心中有佛，手上做的都是佛的事情；心中有佛，口里说的话，都是佛的语言。学佛者在心中要当下承担"我是佛"，是佛，就不会吸烟喝酒；是佛，就不会打骂人；是佛，就不会沾染任何恶习。如何修学佛道？

第一，欲求佛道须先正心

《大学》说："欲修其身者，先正其心。"儒家认为修身是齐家、治国、平天下的根本，而修身则要通过内心的修养，心若不正，一切都是空谈。《正法念处经》亦说："不念善事，不正心意，彼行放逸。放逸所诳，身坏命终，堕于恶道，生地狱中。"心不正，眼、耳、鼻、舌、身所见所闻都不正，放逸恣行，恐怕连人身都难保有，遑论成佛道。因此，欲求佛道须先正心。

第二，欲入佛道须能放下

俗话说"失之东隅，收之桑榆"。又说："塞翁失马，焉知非福。"要先有舍，才会有得。想要进入佛道，要先把贪欲、嗔恨、愚痴放下，要把世间的人我得失先放下，把蛮横执着放下，把这些世间种种陋习放下，佛道就能提起。

第三，欲行佛道须运悲智

要行佛道，要先有慈悲心。有慈悲才会心存众生，才有实践的动力。但《大宝积经》说："一切如来身业，智为前导，随智而转。一切如来语业智为前导，随智而转。一切如来意业智为前导，随智而转。"如果光有慈悲而没有般若智慧，所行只是世间善法，且容易流于滥慈悲。所以有心行佛道，必须悲智双运，才是最理想的修习。

第四，欲证佛道须悟无我

无我不是说没有我，只是不执着这个我。常人有根深蒂固的自我爱，太看重自我，一切以自我为中心，于是造作种种业行。佛教菩萨要无缘大慈，同体大悲，就是劝诫我们不把心量局限在个人，那就是无我的意义。有了无我的体认与实践，才能扩大生命，进一步证悟佛道。

每位学佛修道者都想要有所成就，但如果方法错误，居心偏差，就像煮沙欲成饭，那是不可能的。

教化之道

做一名教师，有启发学生的方法；做父母教育子弟，有教育子弟的方法；从事社会教化的人，当然也有社会教化的方法。当初佛陀教化众生的原则就是"契理契机"。有的时候，要契合真理，有的时候，要契合众生的根机。不合真理的话，你不能说，根机不合者，你也不能勉强。如何是教化之道呢？在这里提供四点：

第一，启发的教育在潜移默化

最好的教育，就是启发。启发教育不是口头教说，而是潜移默化的身教，让他们自己去思考。仙崖禅师看见夜游的沙弥，只轻轻说一句"夜深露重，小心身体，不要着凉，赶快回去多穿一件衣服"后，就不再提起。从此，全寺学僧再也没有人出去夜游。佛门禅师，就是以身体力行作为榜样，启发行者。

第二，感化的教育在身教言行

教育子弟，最好用感化方式，使他感动。有一首歌词强调"爸爸妈妈真伟大"，这不一定很好。为什么？爸爸妈妈很伟大，怎么伟大？要钱有钱，要糖有糖，要玩具有玩具，想买什么就买什么。但是我没有，我的爸爸不伟大，那我就只有偷、只有抢。所以，不如说"爸爸妈妈真辛苦"。让孩子知道，父母亲起早贪晚，工作忙碌，生病照顾，准备快餐……从身教言行做起，让他感动，才能感化人心。

第三，指导的教育在引发思想

教导，在引发学生思考，让他思想能随你不断深入、不断向前。丹霞禅师受到一句"选官何如选佛"的启发，放下求官之志，成就道业；怀让禅师点拨一句"磨砖既不能成镜，坐禅又岂能成佛"，马祖道一闻言有如醍醐灌顶，茅塞顿开。指导的教育，启发生命，也成就智慧。

第四，惩罚的教育在慈爱鼓励

就是学生有错，犯了过，惩罚他时，还是要出自爱心劝导、鼓励，不能丧失他的尊严，否则就没有办法可教了。佛光山的沙弥学园，因为沙弥年纪小，顽皮捣蛋，后来罚他们睡觉，不准拜佛、参加早晚课诵。当他们看到同学们可以上殿，自己却不能参加，心里会了解，睡觉是被处罚，拜佛是光荣的，心中自然升起惭愧心，改过迁善。半年以后，沙弥们果真变得自动自发。因此，教育要先从人情上着手，就是惩罚，也要先尊重他们，才能培养他们的荣誉感，自然向善。

多采用关怀与启发，不仅消除反抗、猜忌、敌对，还可以赢得诚恳与真心。这些比斥责、训话、体罚等方式，不知胜过了多少倍。这四点教化之道，可以参考。

忍之道

佛教讲"忍辱波罗蜜"，忍可以解决人间复杂的问题、不平的问题，是人生最大的力量。《大集经》说："忍是安乐之道，能除贪嗔、邪见、两舌，并得自在、端正、威力等功德。"忍要具备高度的智慧，才能做到难忍能忍，难行能行，所以佛陀赞叹忍辱的功德是布施、持戒所不能及，能忍辱者为"有力大人"。"忍之道"有哪些呢？有以下四点：

第一，忍得好容色

《因果十来偈》说："端正者忍辱中来。"一个人相貌庄严，是因为能修忍辱，接受种种考验，而得端正仪表。有一则譬喻故事，铜佛承受铁匠的雕琢铸镂，成就庄严法相，接受万人膜拜供养；大罄不能忍耐，人家一敲，只有嗡嗡作响。《佛光菜根谭》："心中常有拂心之事，形体毫无不悦之态。"以此养忍调性，才能像菩萨一样，慈眉善目，端严相好。

第二，忍得具眷属

无论凡愚圣智，皆是我们人生中的亲友眷属，若要求得家庭和睦，众人爱敬，就要忍辱谦让。《罗云忍辱经》："忍之为福，身安亲宁，宗家和兴，未尝不欢。"忍能增加力量，能减少冲突纠纷，止息众乱，眷属和合。

第三，忍招诸胜报

世事多成于忍，能忍方成大器，佛陀在本生修行为长生童子，以实践忍辱为修行，终取得国家胜利，忍看似牺牲，却是获得最后胜利。故《忍辱经》："世无所怙，唯忍可恃，忍为安宅，灾怪不生。"以忍依怙，才耐得住迫害、苦难及种种诱惑，身心能安住泰然。

第四，忍得寿命长

能忍之人，嘴上不说激愤的话，面上不露憎恨之相，心中不存人我是非，看得开、放得下，自然就会健康，寿命延长。怒则气逆，怨则气损，修忍辱要能如饮甘露，才能心平气和，所以忍的功德其大无比。

《罗云忍辱经》云："忍恶行者，所生常安，众祸消灭，愿辄如志颜貌炜晔，身强少病，财荣尊贵，皆由忍慈惠济众生所致。"故以忍辱作为资具，化暴戾为祥和，就能身心安住，制止众恶，眷属合乐。以上出自《大方等大集经》的"忍之道"四句偈，提供大家参考。

谦虚之道

有谓"谦卑在人前，所向尽通；傲慢在人前，寸步难行"。谦虚，是做人处世迈向成功的重要动力。谦虚的人，谨慎踏实，努力补足不全，失败就会远离。谦虚的相反是傲慢，它让人自以为是，无法自我检讨、自我反省，当然也无从进步。人要如何谦虚呢？以下有四点意见：

第一，位高而心愈下

谦虚的人，地位愈崇高，他的心愈更谦下。相反的，做人最怕就是"满瓶不动半瓶摇"，肚子没有什么东西，却狐假虎威、虚张声势，只有更显出自己的不足，俗语云："虚心使人高贵，自负使人肤浅。"所以，当地位越高时，态度越要谦和低下。

第二，禄厚而自弥约

当获得高位厚禄时，千万不可志满得意，应该简朴自约，低调行事，避免惹祸上身。《训检示康》云："君子寡欲，则不役于物，可以直道而行。"纵然得到万钟厚禄，也不可以胡作非为、任意挥霍，只有淡泊简约，才能依正道而行，不被世俗物累所羁绊。

第三，宠甚而思以惧

当领导宠信，或工作顺遂时，更要怀有戒慎恐惧，有"如临深渊，如履薄冰"的心。历史上，年羹尧因宠而忘记本分，李莲英受宠而误国误事，这都是令人引以为惕的。所谓"高处不胜寒"，爬得愈高，愈要谨慎。名相诸葛亮说"不傲才以骄人，不以宠而作威"，就是这个道理。

第四，道崇而自谦退

当你的声名如日中天，让人崇敬时，更要谦冲自牧。明朝儒士方孝孺说："虚己者进德之基。"一个自命不凡、恃才傲物的人，容易树敌；懂得反身退步，才会让人感到德厚如春风，让人愿意亲近。

箭弓不可太紧，太紧会断；锋芒不可太露，太露遭忌；《易经·谦卦》说："谦谦君子，卑以自牧。"位高而心愈下，则人自亲；禄厚而自弥约，则心自朴；宠甚而思以慎，则位自固；道崇而自谦退，则德自厚。以上四点谦虚之道，可为座右铭。

说话之道

俗话说："一张嘴，两片皮，说好说坏都是你。"一句好话能感动人，乃至流传千古；一句恶言却能伤害人，甚至令人难以原谅。因此，说话要适时、适人、适地。说话之道有四点建议：

第一，责备的话中要带抚慰

东方国家为人父母者，受"打是疼，骂是爱"的观念影响，经常将责备的话挂在嘴边，一旦儿女做错事，随口就是指责，因此，忽略子女的尊严，造成亲子间嫌隙的情况，时有见闻。语言，当以关怀真切为第一，虽是责备，也不能把话说尽，"是不是有什么困难？""身体不舒服吗？"语带关心慰问，让人感受到爱心的温暖，反而能感化对方。

第二，批评的话中要带赞扬

赞美，是世间上最美好的声音。佛门有句话说："要得佛法兴，除非僧赞僧。"同样的，用之于社会，对朋友、对儿女、对学生，也要多一点鼓励、多一点赞美，才能和谐。批评他人不能解决问题，还会成为双方相处的阻力，批评中带有鼓励，才能解决问题。

第三，训诫的话中要带推崇

人与人之间的交情够深，对于不如法的行为，偶有训诫也未尝不可。人虽有缺失，但也总有些长处，因此训诫的话，不要忽略语带推崇。是好事的，要说"你如何好"，是训诫的，要说"我们可以如何改进"，倘若一味指责，反而适得其反。

第四，命令的话中要带尊重

有的人说话总习惯用命令的方式："别质疑我的话""照我的话做就没错了"，这种强硬的语气，往往令人难以接受。若能以平等心对待，所言都是谦虚之词："拜托你""麻烦你"，如此，对方感受被人尊重，自然就会有响应。

例如英国维多利亚女皇曾经和丈夫吵架，她敲门向房内的丈夫道歉，丈夫问："谁?"女皇习惯性回答："女王"，丈夫总是不予回答，直到女皇改口："是你的妻子"，门终于打开。所以人和人之间讲话，要学会相互尊重。

说话是一门艺术，不一定要能言善道，却要有一颗体谅别人的心，抱着同理心讲话，一定能结好缘。

因应之道

世间种种都有其因应之道，如兴建地铁，以因应交通拥塞；鼓励生育，以因应人口负增长；制定法律，以因应各种犯罪。人一生当中，难免会有大大小小的顺逆境界，如何因应，有以下四点意见：

第一，面对过失要诚意改过

"人非圣贤，孰能无过"，每个人多少都会犯错，面对自己的过失，能真心诚意改过，则"善莫大焉"。

过去，大禹因"闻过则喜"，受人敬重；子路因"闻过则拜"，为人称扬；本是小混混的韩信，因为改正陋习，成为开国大将军；游手好闲的寇准，因为改正过失，成为一代名相。能懂得改过迁善，品德必能日日新而有所作为。

第二，受到赞誉要虚心接受

受到一点赞誉，就自得自满，骄傲狂妄，日久，便不容易接受别人的批评，而停止进步了。明朝陈继儒的《小窗幽记》道："宠辱不惊，看庭前花开花落。"即在警惕世人，受到赞美恭维时，心能持平谦下，不以为是理所当然，道德必然能日渐增长。

第三,遭逢失败要检讨原因

爱迪生做实验经历了多次失败,有人问他:"你做实验果真经历过许多失败?"他回答:"不!我成功地发现许多不能成功的方法。"遭逢失败时,不要怨天尤人,重要的是自我检讨失败的原因,进而付诸行动,才有机会东山再起。因此,抱持永不言败的心念,才能与成功交会。

第四,被人欺侮要逆来顺受

被人欺侮,要学习皮球,打击愈大,弹跳愈高;要如搓面团,愈揉韧性愈强。遇欺骗,须宽大;逢毁谤,不复仇;遭加害,待以慈;受苦难,宜忍耐。如果我们善于调御己心,能逆来顺受,面临再苦、再难堪的境界,也能甘之如饴。

"失败者常把机会当困难,成功者常把困难当机会。"不论我们遇到怎样的称讥毁誉,能对境界不停不滞,即是最佳的因应之道。

求感应之道

《中庸》云："诚则明矣，明则诚矣。"感应之事，唯"心诚则灵"而已。有感则应的原理，就像叩钟必有回响，敲鼓即得音声一样，还有日常的喝水止渴、饥食饭饱，或叫一声"妈妈"，妈妈就回头，这都是一种感应。感应有其因缘条件，如何求得感应？

第一，要重视因果

善人视因果为朋友，智人视因果为龟鉴，愚人视因果为法官，恶人视因果为仇敌。感应它不是凭空而得的，种瓜才能得瓜，种豆才能得豆。就像听广播，看电视，要转对了频道，才收得到节目。修行也是一样，相信慈悲，慈悲会在我们生活中有所受用；相信佛陀，依照佛陀的教法去做，则能成就佛道。

第二，要立功发愿

想要有什么感应，先看自心立何愿、求何事，好比想要升官的人，要先看他的功劳表现。像孔子和墨子，有着"孔席不得暖，墨突不得黔"的济世奉献精神，而被世人称圣称贤；历代大德，也都是靠愿力成就功业的。若我们每个当下，都能够发愿，如同一滴水能滋润花草，任何善愿，都能开花结果。

第三，要由衷忏悔

虽然"千江有水千江月，万里无云万里天"，但水混浊，云层厚，也看不到月亮和太阳。希望水清映月、拨云见日，就要由衷地忏悔，让心清净，才能有感应。如《杂阿含经》载："凡人有罪，自见、自知而悔过者，于当来世律仪成就，功德增长，终不退减。"所谓"人有诚心，佛有感应"，只要我们能时常借着忏悔的法水来涤净心垢，自然能与佛菩萨感应道交。

第四，要虔诚回向

一心至诚、一心礼敬、一心称名，是感应的原理。若只为一己之私，所得的利益有限，要想获得大利益，修得大功德，就要懂得回向，回向犹如耕耘种子，小心照顾，使它发芽、开花而结成累累果实，以小小的因，成就丰硕的果。所以，不管是求学问道，都要将利益回向群生，才会有大成就。《往生净土忏愿仪》言："能礼所礼性空寂，感应道交难思议；我此道场如帝珠，释迦如来影现中。"由此可知，只要虔诚礼敬，忏悔发愿，生起广大菩提心，就能求得不可思议的感应。

修身之道

生而为人，最可贵的是能够自我管理，具有惭耻的美德，对自己的言行举止反省修正，让身行端正、心念善美。身心修养好了，性情自然和美，成为一个善人。如何修身呢？

第一，眼不看不净之事

人的认知，有许多都是借由眼睛看来的。看的时候，如果心念不正，所看到的都是不净。例如轻蔑别人，就会看人低下，鄙视他人，自然也看不到对方的优点。《泥洹经》云："持心不净，不得度世。"因此，要学习用净眼看世间，用慧眼看出真、看出切、看出妙、看出好，看见一切前因后果，看出来龙去脉。

第二，耳不听不善之音

耳朵是我们认识外界的一个重要渠道，无论好声音、坏声音，都是通过耳朵传递，所以，耳朵也要修行。要谛听，才会听出真意，不会乱听；要正听，才不会把好话听成坏话、好事听成坏事。尤其，不要听是非而听实话，不要听恶言而听善言，不要听杂话而听佛法，不要听闲言而听真理，能听出有意义的内容，就会提升生命的层次。

第三，口不说伤人之语

一个火爆的场面，会因一句柔和的话而消弭无形，一个颓唐的失败者，会因一句鼓励爱语而振作奋发。能真诚恳切、融洽地与人谈话，不但能结善缘，更能增进人际和谐的关系。所谓"静坐常思己过，闲谈莫论人非"，能谨言慎行，不出言伤人，常说仁德之语，才是修口之道。

第四，面不露不悦之容

带一张臭脸回家，会使全家人心情也跟着郁闷；摆一脸怒颜进办公室，同事看了就要退避三舍；一张不悦之容，真是会让周围的气氛冻僵紧张。因此，给人如沐春风，不轻易动怒，即使不欢喜，也会为了大众忍耐，不让人为难、尴尬，这也是高超的修养。

《大宝积经》云："身常行慈，不害众生；口宣仁德，不说恶言；意常正心，不报增损；己得利养，十方共有；等护禁戒，而无所犯；常以正见，开导屈戾。"很多人问如何修行？其实修行不离身心，以上这四点修身之道，随时可以实践。

善因善缘

　　一个人可以不信佛教，但不可以不信因果；因果不是知识，是人生的真理，是行事的准则。种善因得善果，种恶因得恶果，人是自己的园丁，人生要活得幸福、美满、快乐，就要培养善因善缘。有关"善因善缘"，有四点意见：

第一，避免轻诺寡信

　　"人无信不立"，做人信用第一，所谓"一诺千金"，别人有求于你，你能做到的当然要答应，做不到的，则要说明原委，千万不能轻易承诺之后却不当一回事。你不守信用，一次、两次，等别人对你失望，甚至对你怀恨，从此不再和你来往，那时再想挽救便嫌迟了。所以一个人要守信，约会要守时守信，对别人的承诺更要信守不移。信用是一个人立身处世的重要条件，千万轻忽不得。

第二，严戒好言善辩

　　"人之谤我也，与其能辩，不如能容。"受人诽谤尚且不必急于辩解，何况平日无事，更无须与人争辩。但是有的人偏偏好逞口舌，喜欢辩论，只要一开口就滔滔不绝；只要一讲话就口沫横飞。但是好言善辩的人，往往令人退避三舍。因为善于狡辩，乍听之下好像有理，但是经常狡辩，常常言过其实，自然别人心里有数，也就对你敬而远之。所以，如果你不想做一个不受欢迎的人，就应该严戒好言善辩。

第三，待人宽大厚道

胸襟宽大，待人厚道，条条都是大路；心量狭小，对人刻薄，处处都是荆棘。做人宽大厚道，宽则得人，厚可载物；做人尖酸无情、得理不饶人，容易树敌。所以，宽恕别人，其实就是释放自己。所谓"厚福者必宽厚，宽厚则福益厚"，一个宽大厚道的人，在道业上能够养深积厚，在人际间能够广结善缘，在事业上更能得到多助，所以厚道才能成事。

第四，重视基本礼仪

人和人之间，不要以为"熟不拘礼"，其实所谓礼者，就是要合乎道理，合于伦理。《三字经》说："君臣义，父子亲，夫妇顺。"在家庭中，夫妻有夫妻之道，父母子女有父母子女之礼，君臣之义更不可废。乃至平日里，邻里之间、朋友之间、长官部下之间，彼此见了面，一句"你好""你早"，甚至点个头、问个讯、合个掌，都是做人应有的基本礼仪，都能给人一个心意上的尊重，都是人际间不可少的交流。

爱惜自己的福报，就是珍惜自己的现在；广结人间的善缘，就是丰富自己的未来。当一个人遭遇逆境、挫折时，只要肯要改变自己的因，并且广结人际之间的善缘，就有美好的未来。